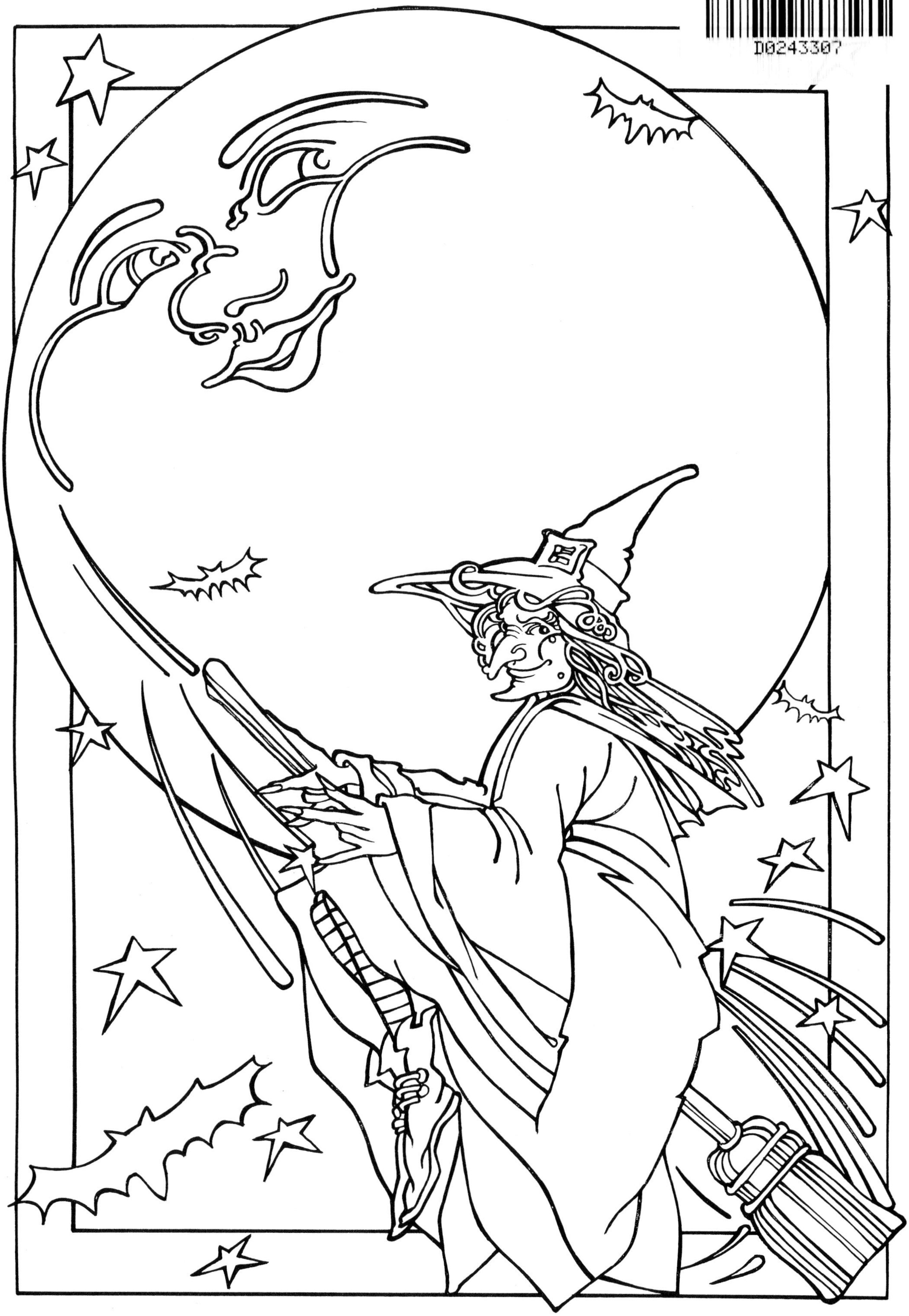

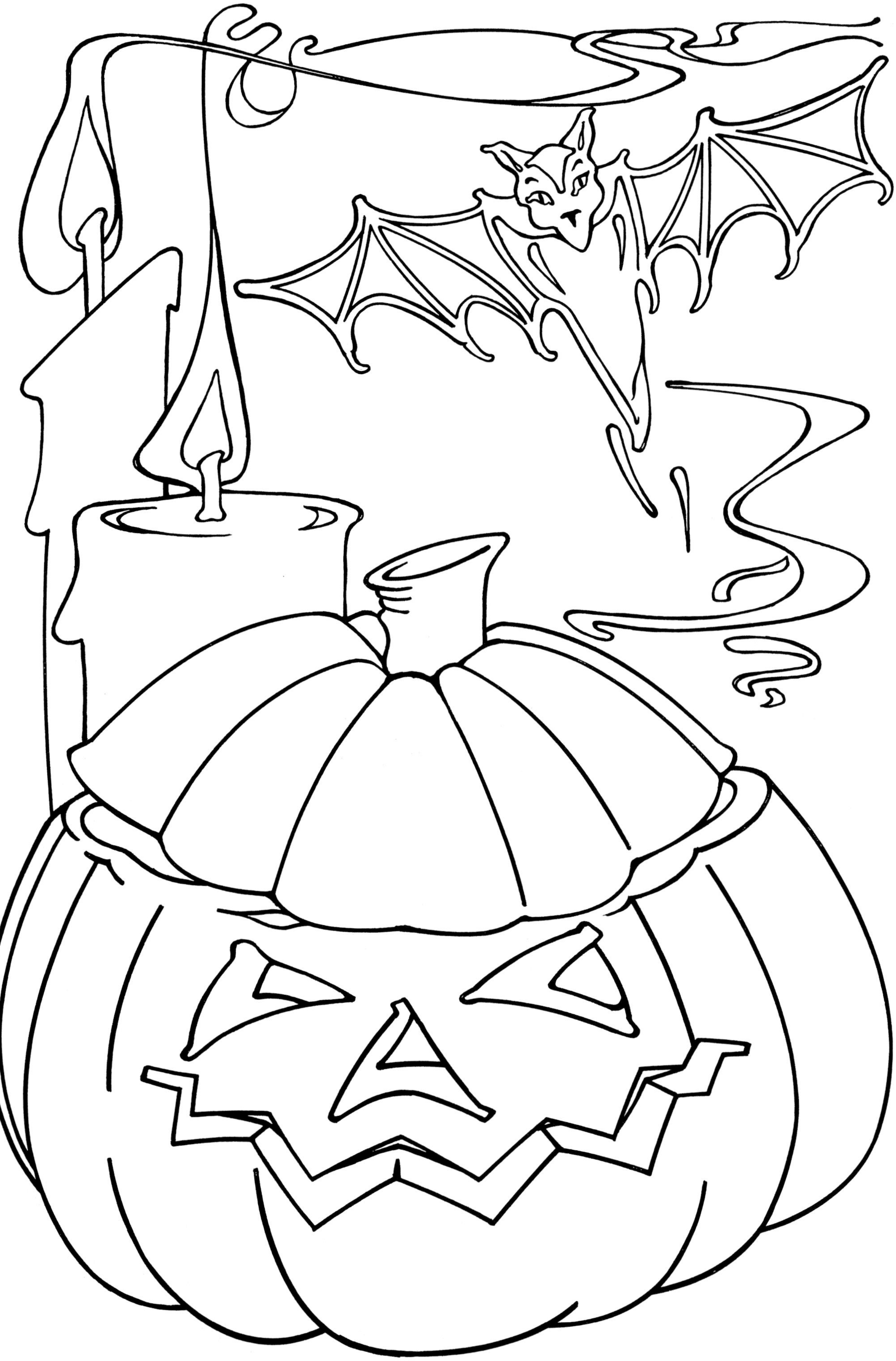

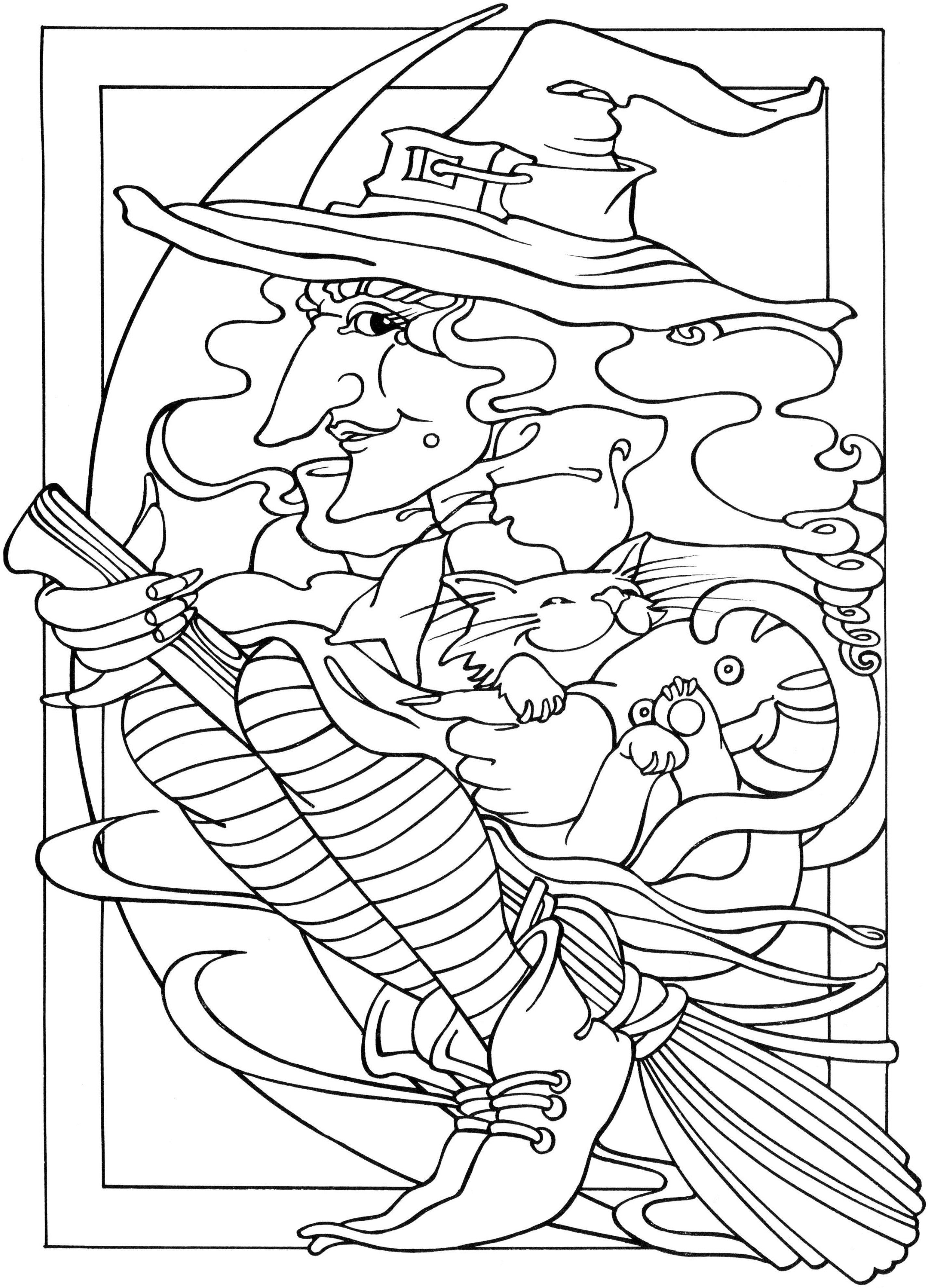

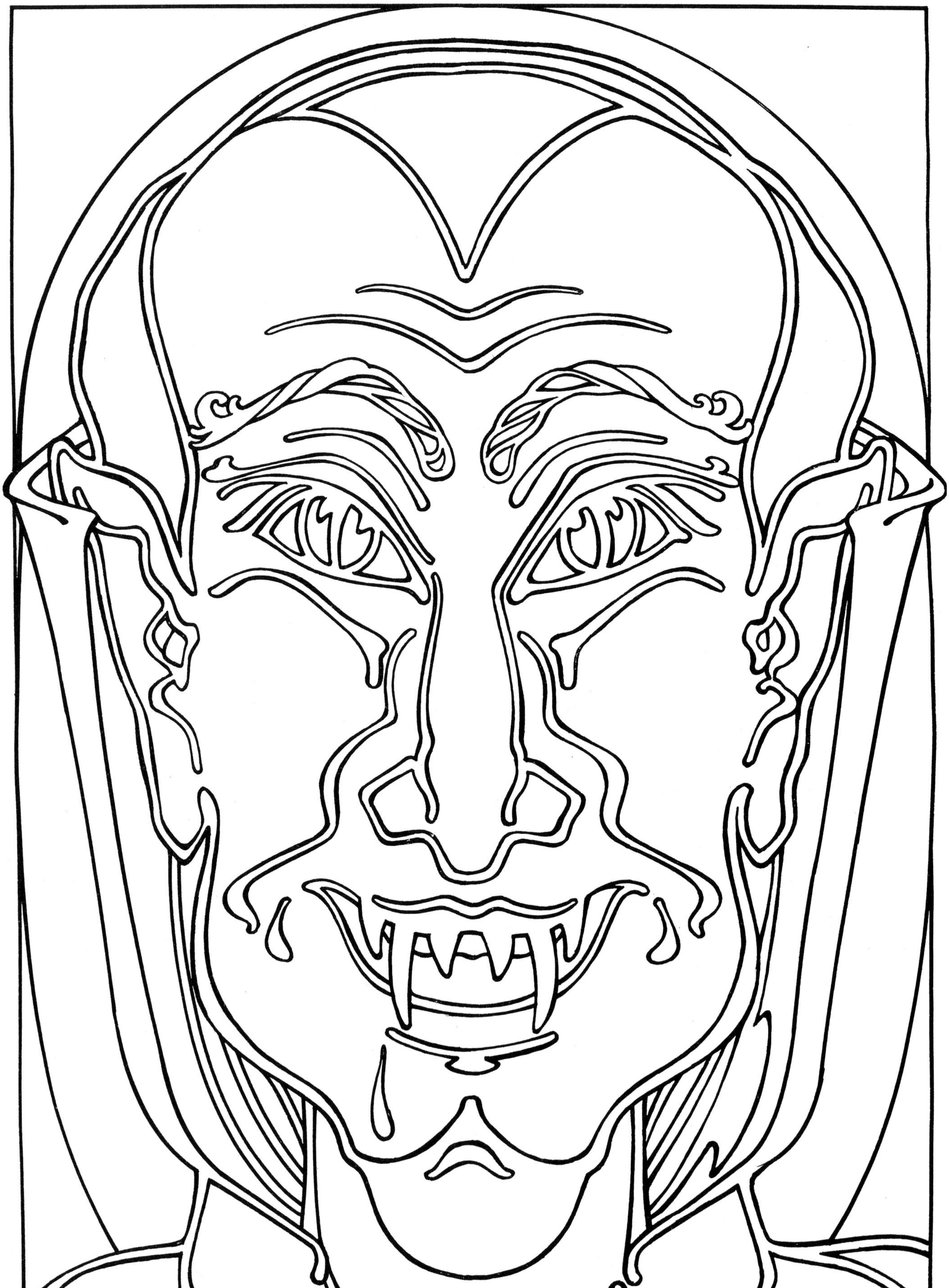

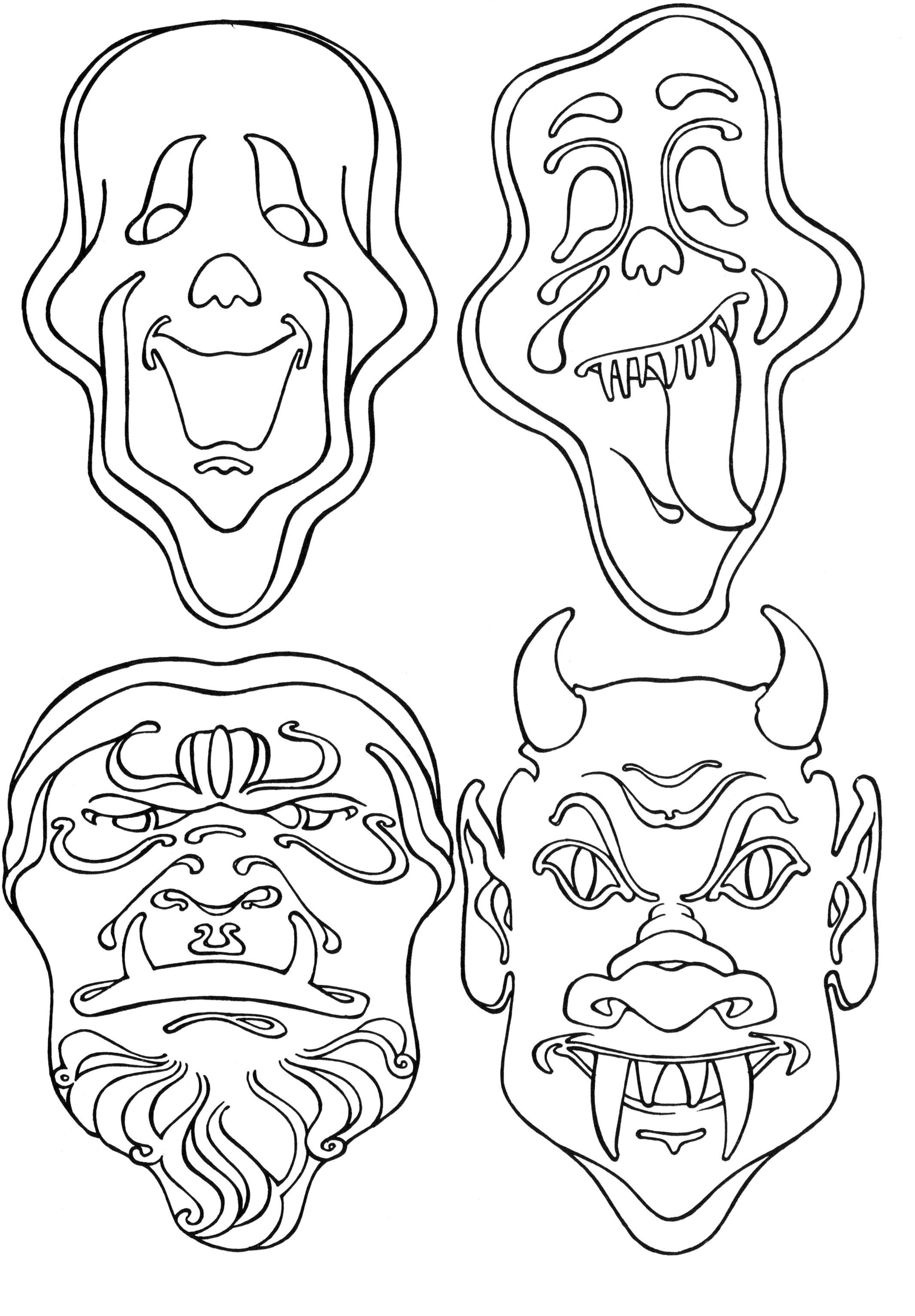

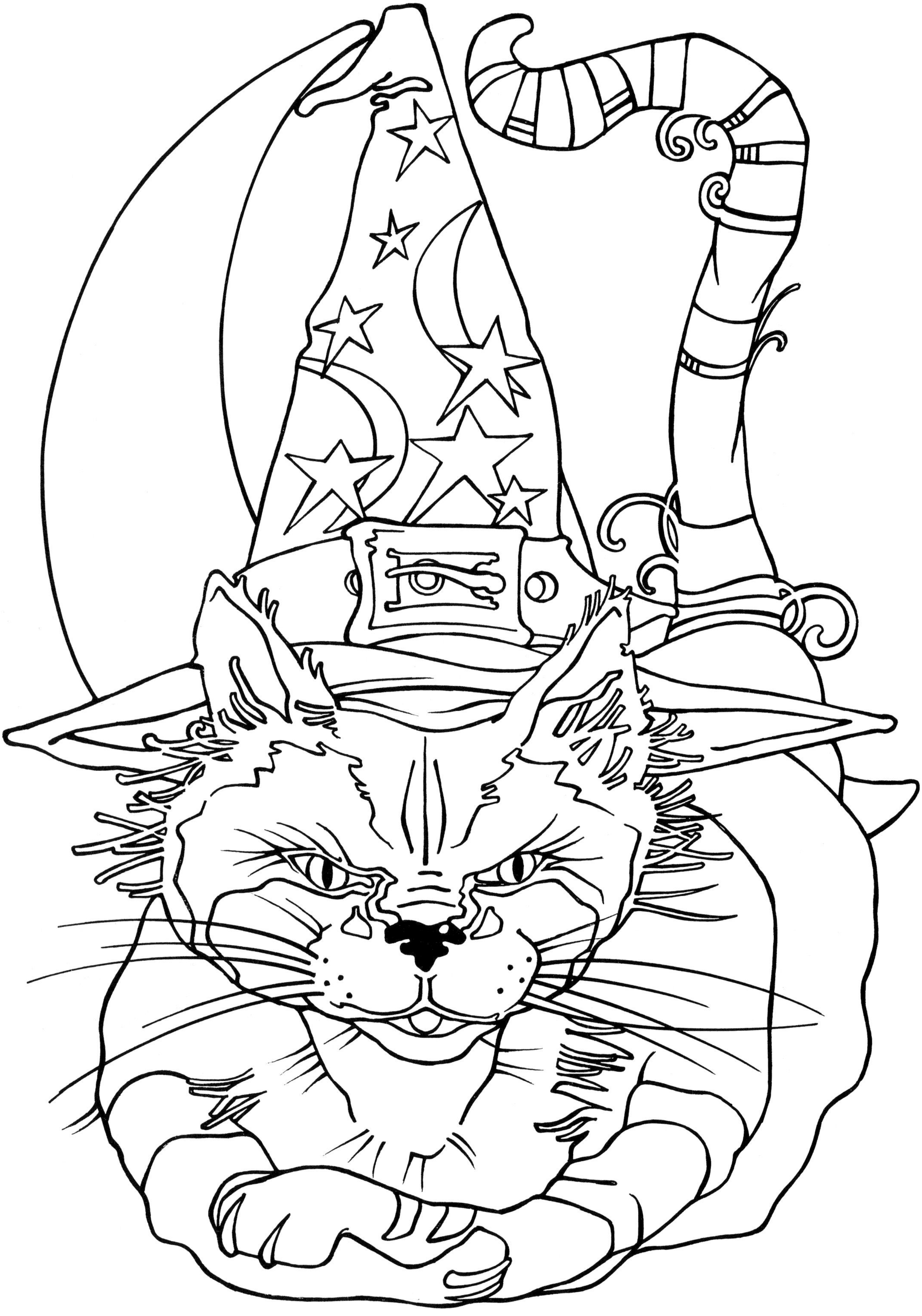

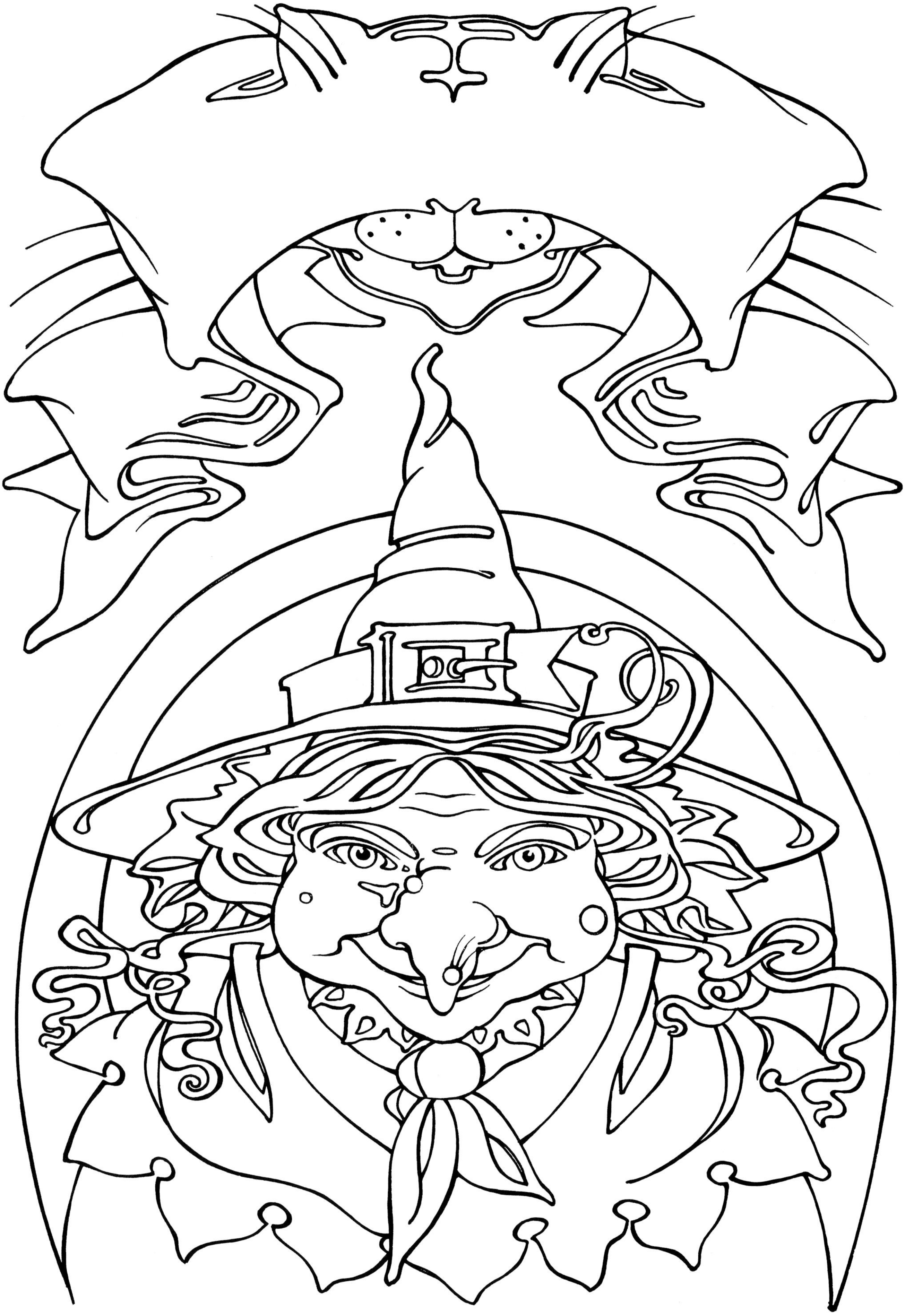

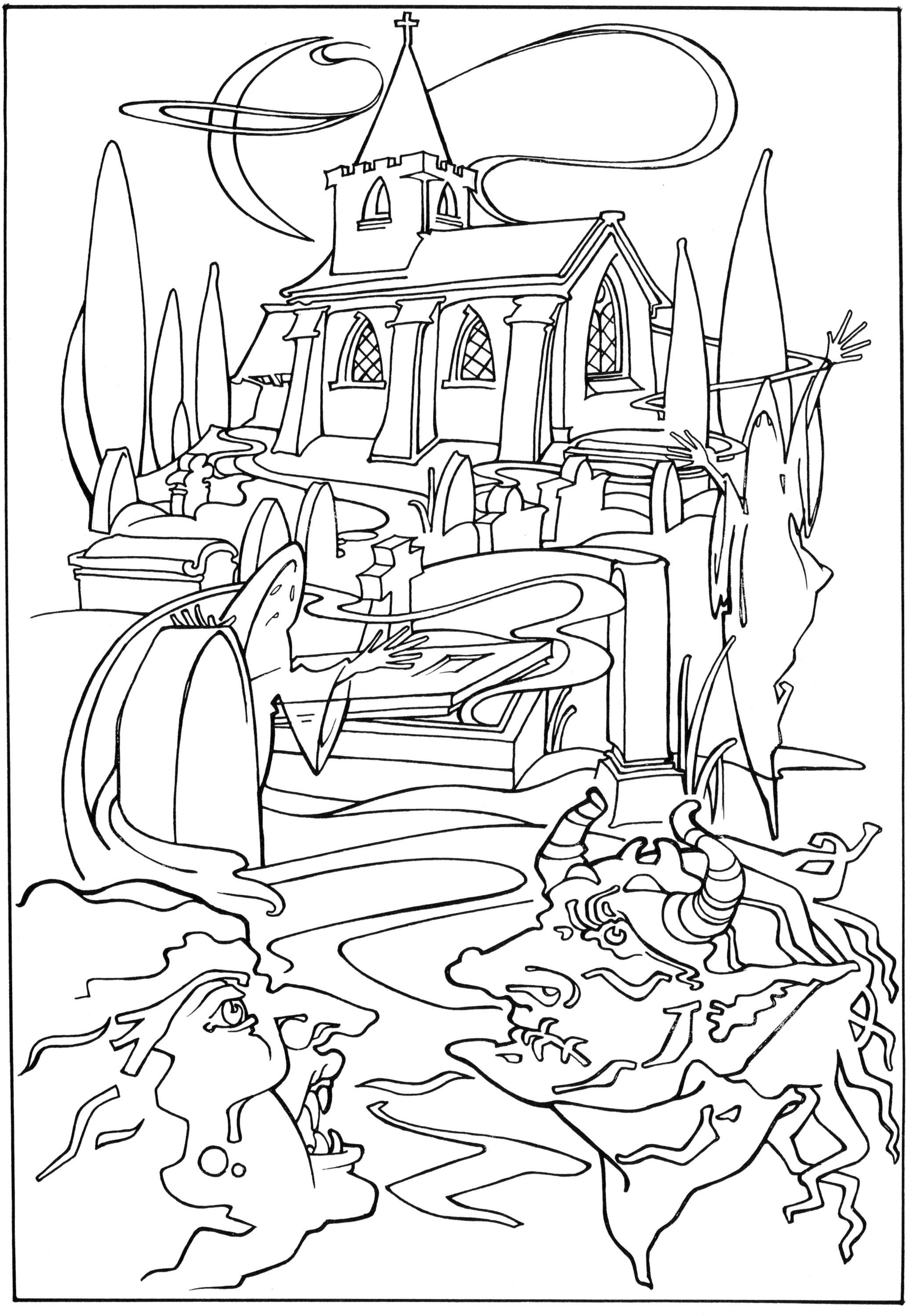

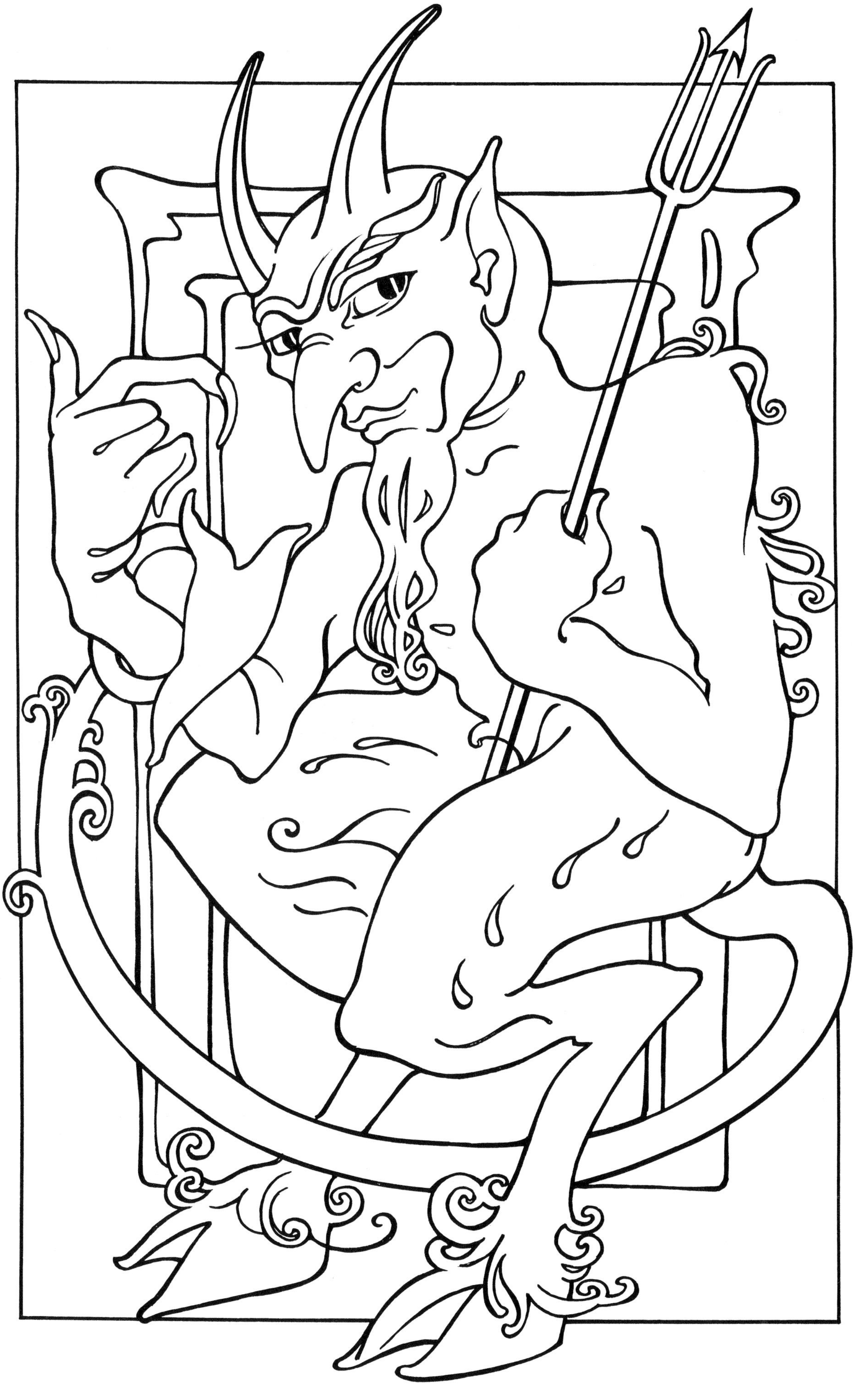

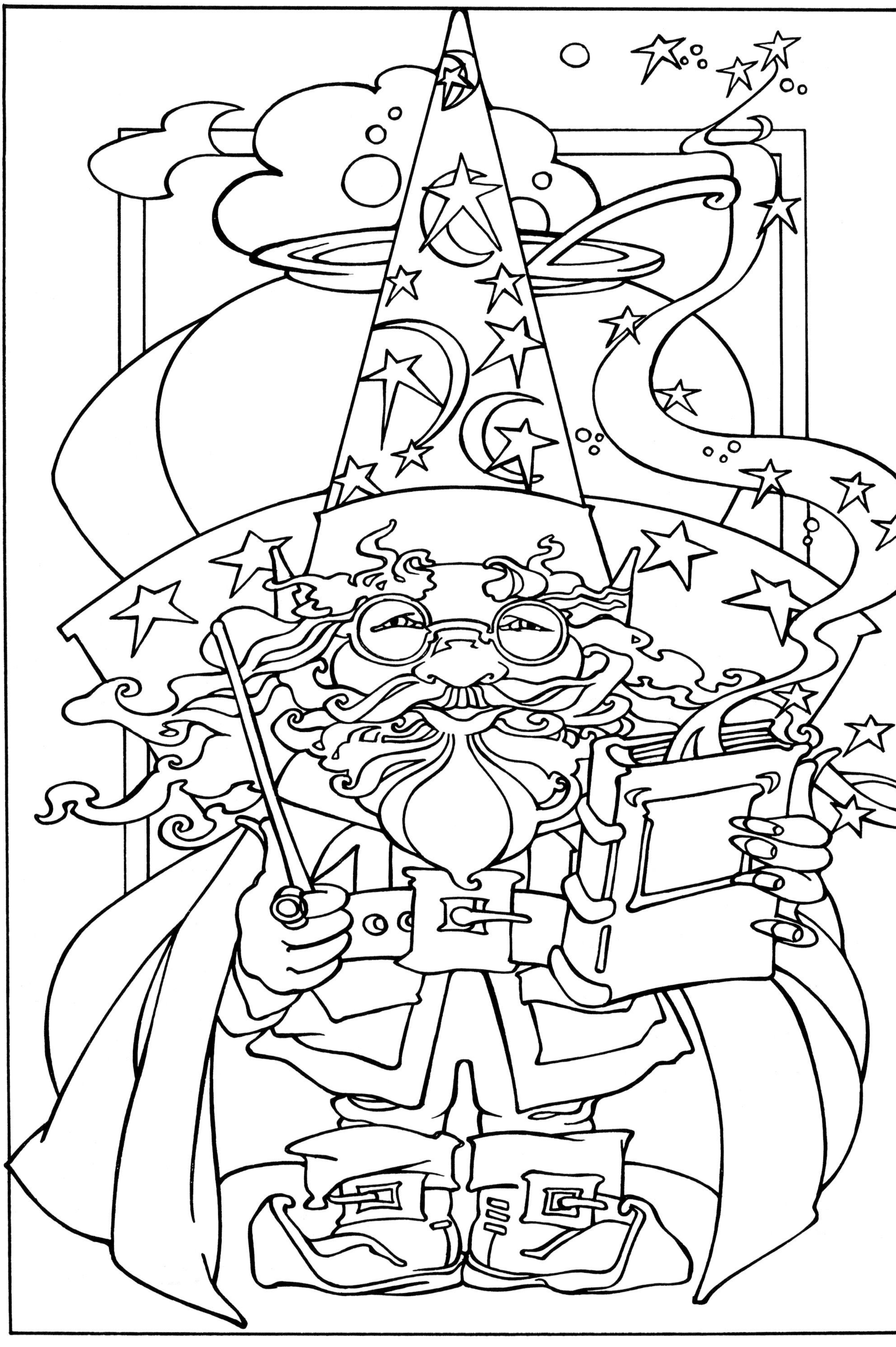

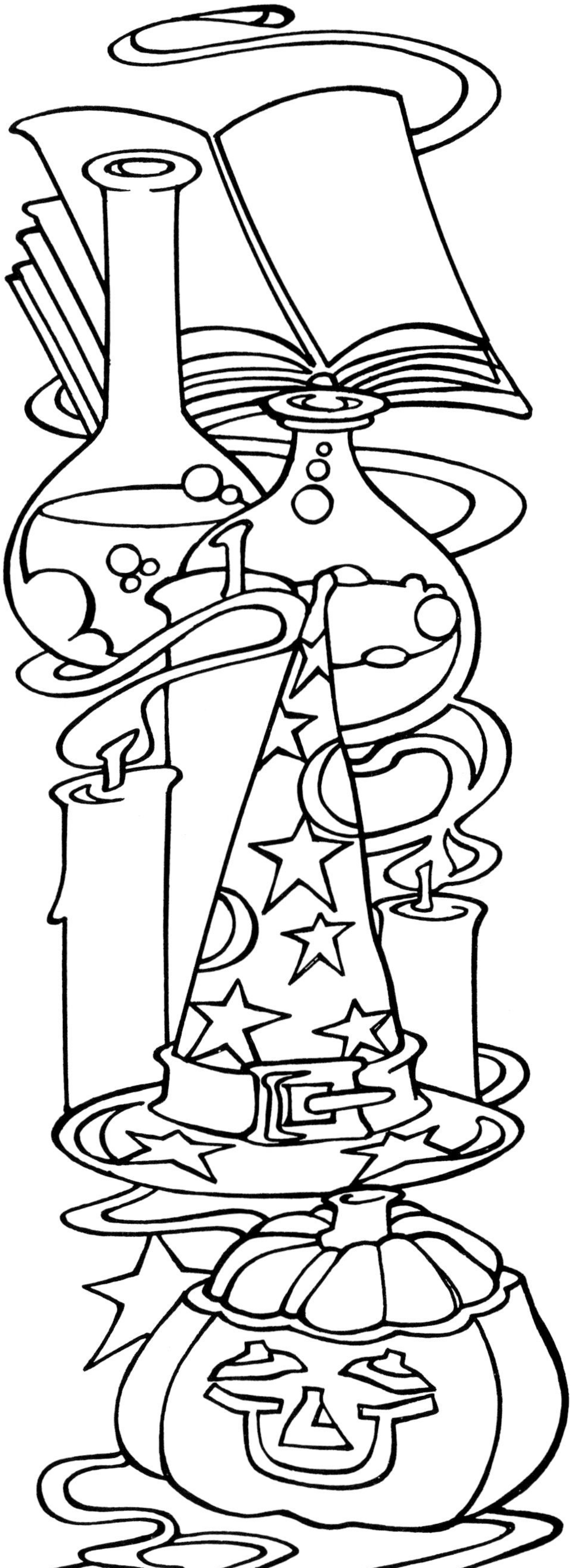
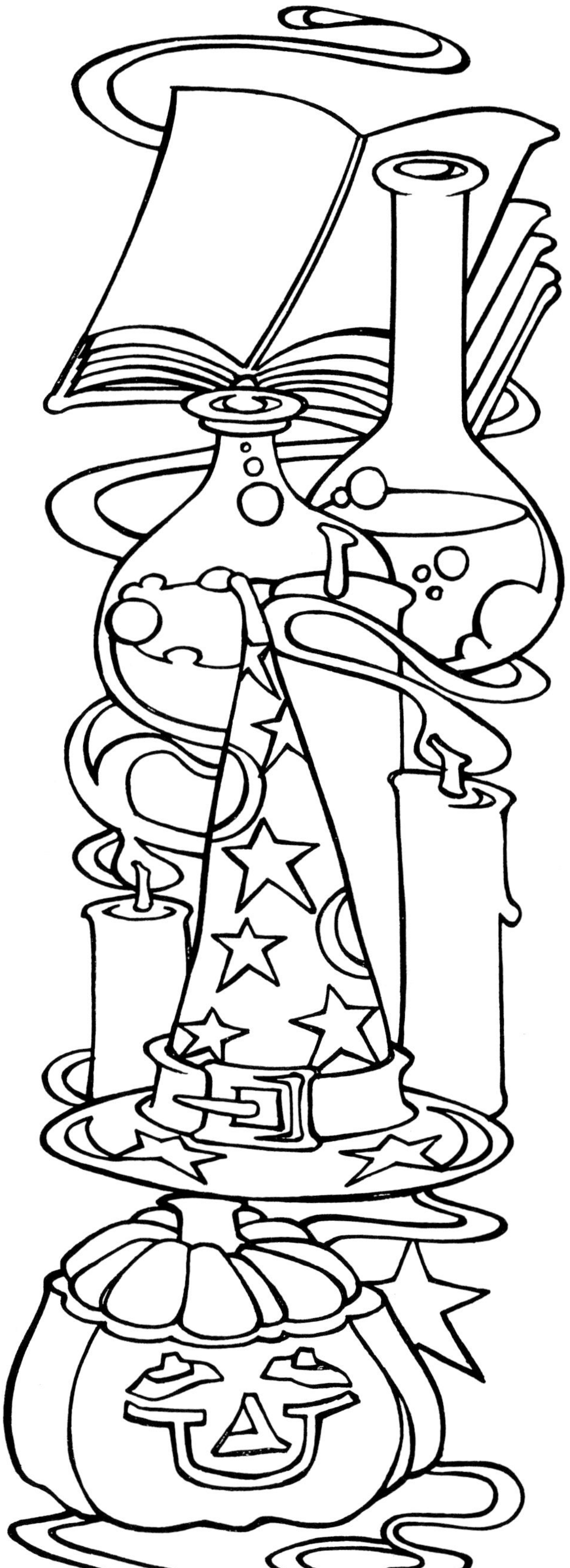

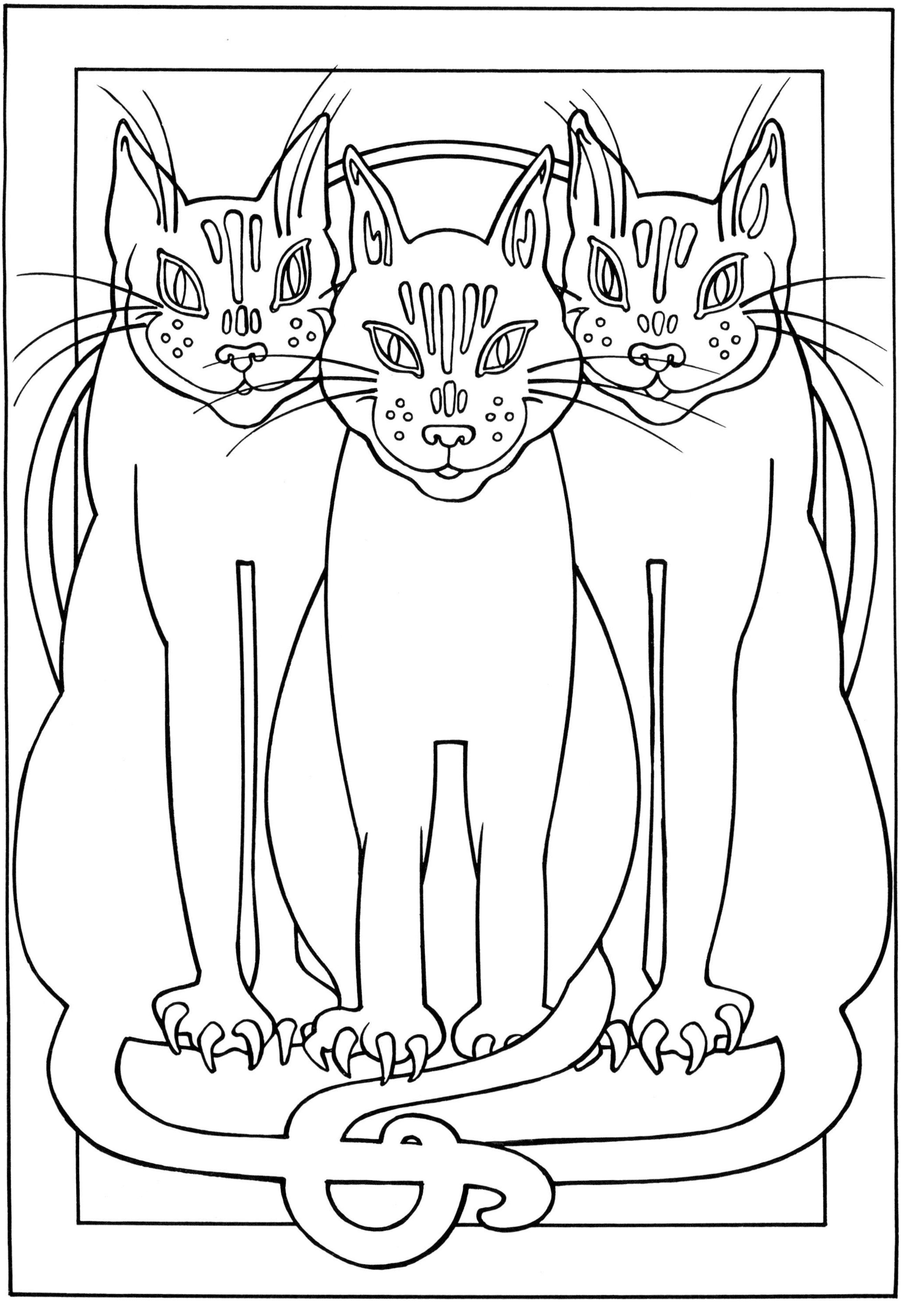

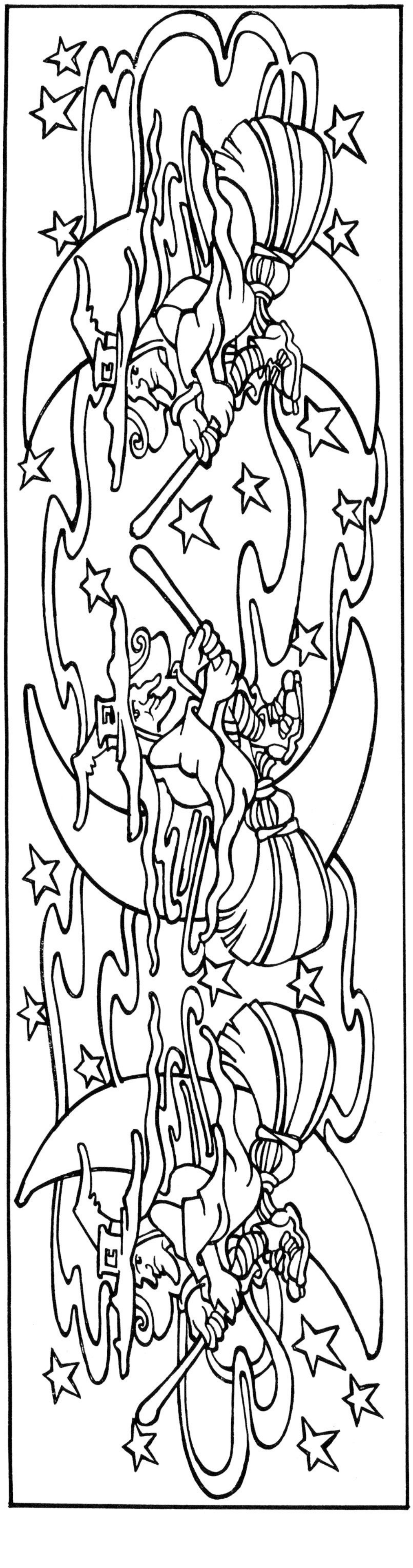
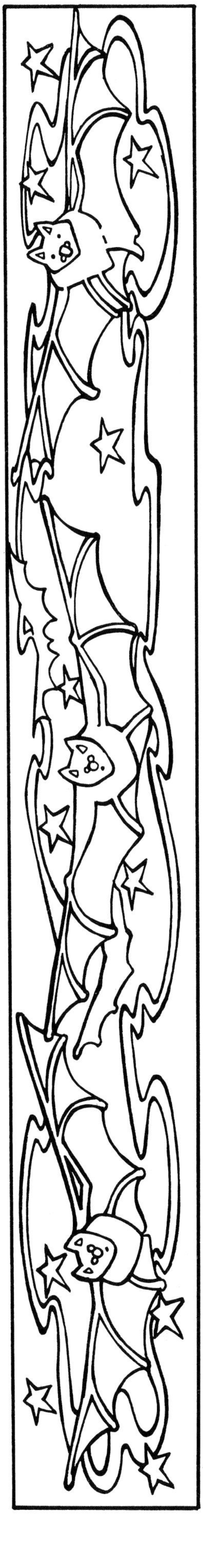
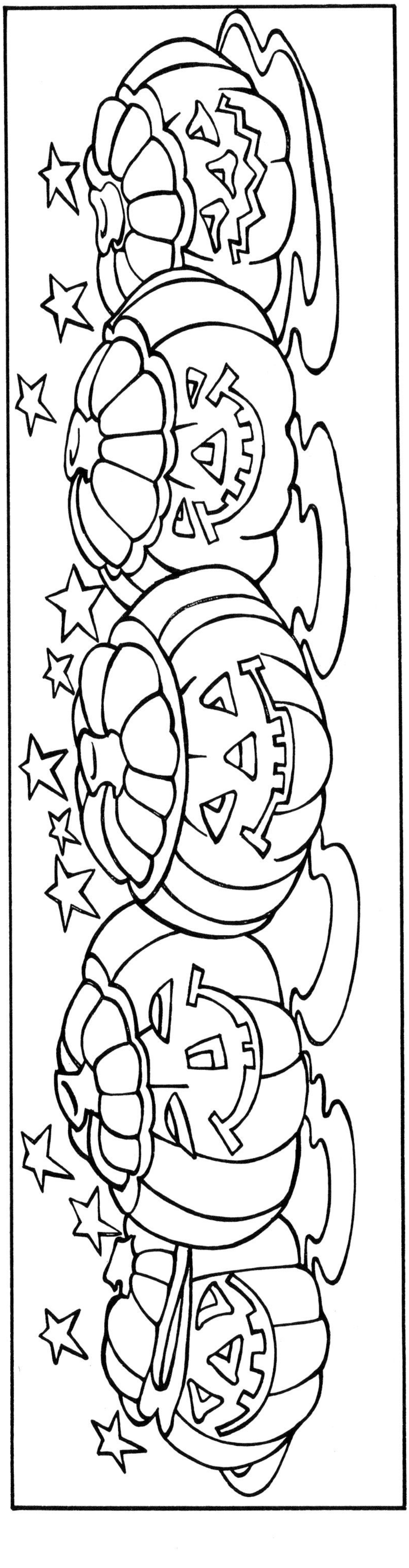

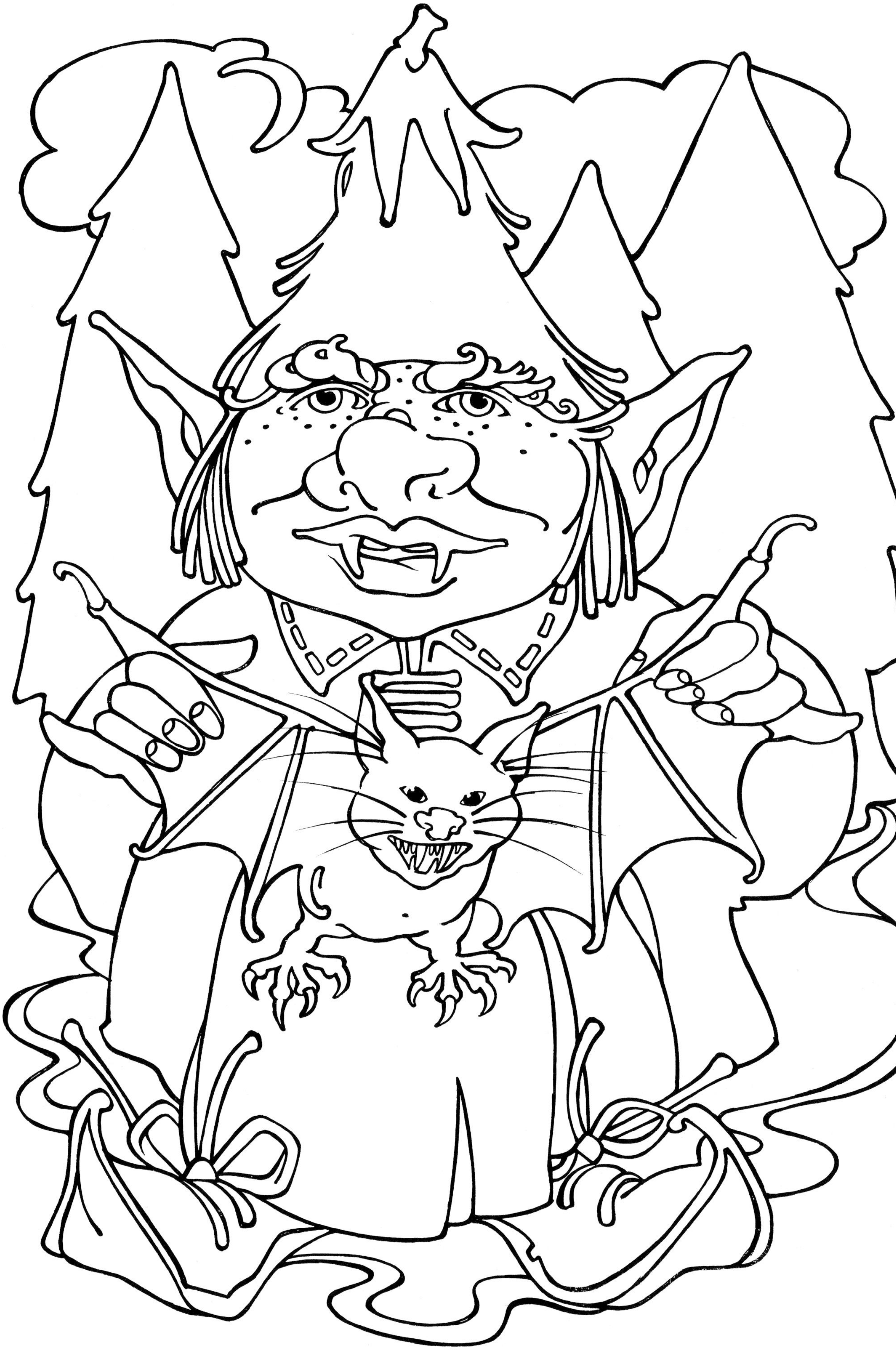

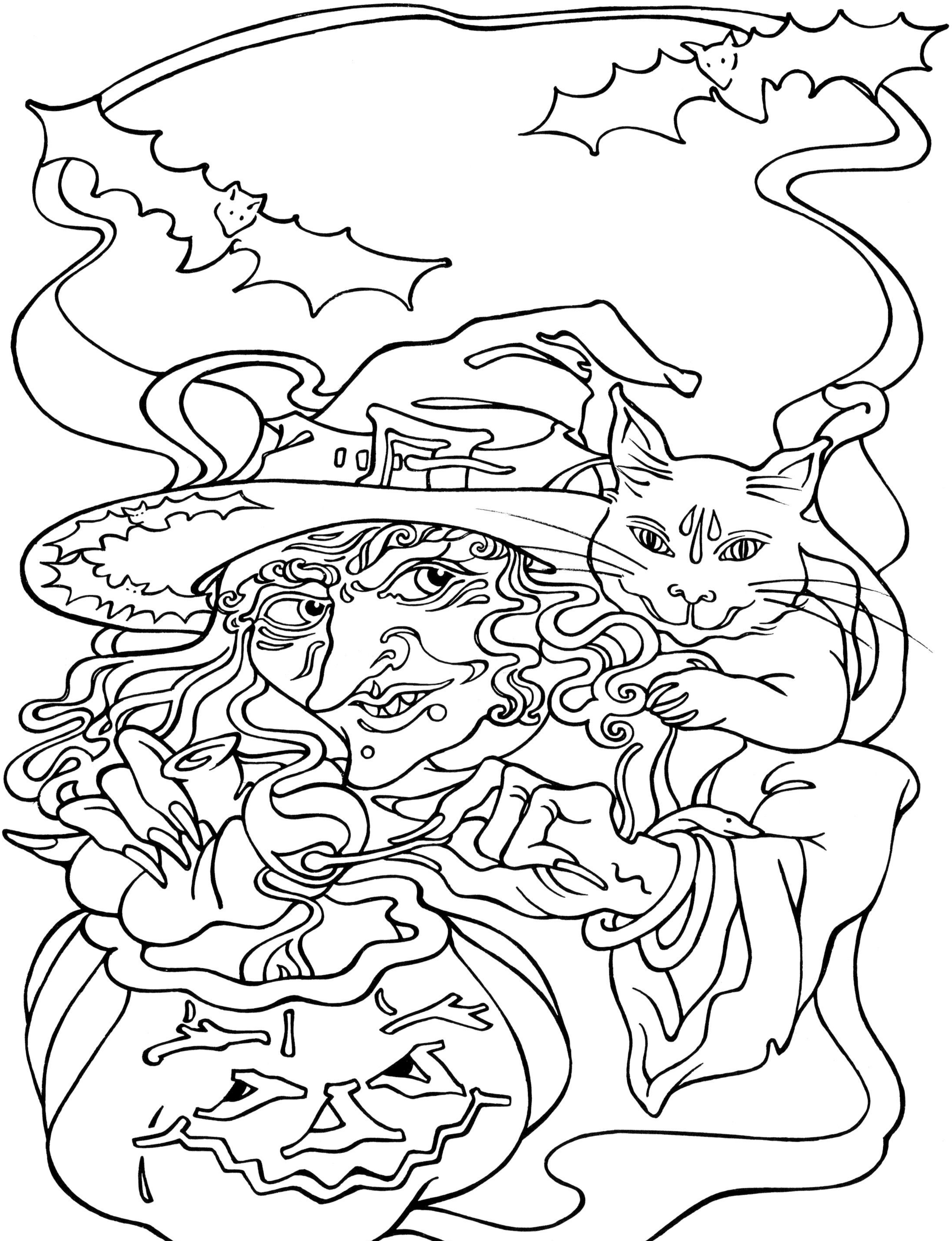

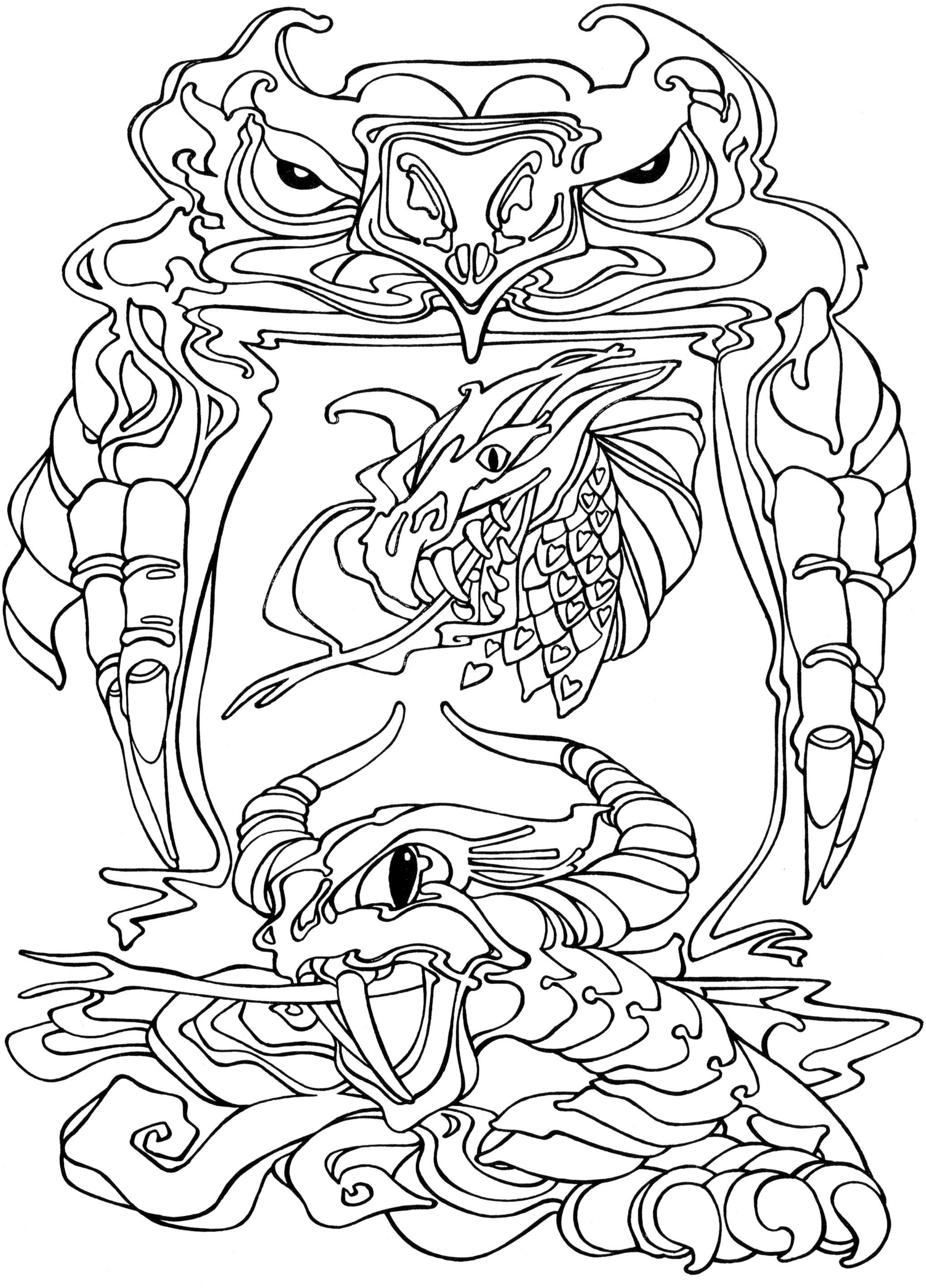

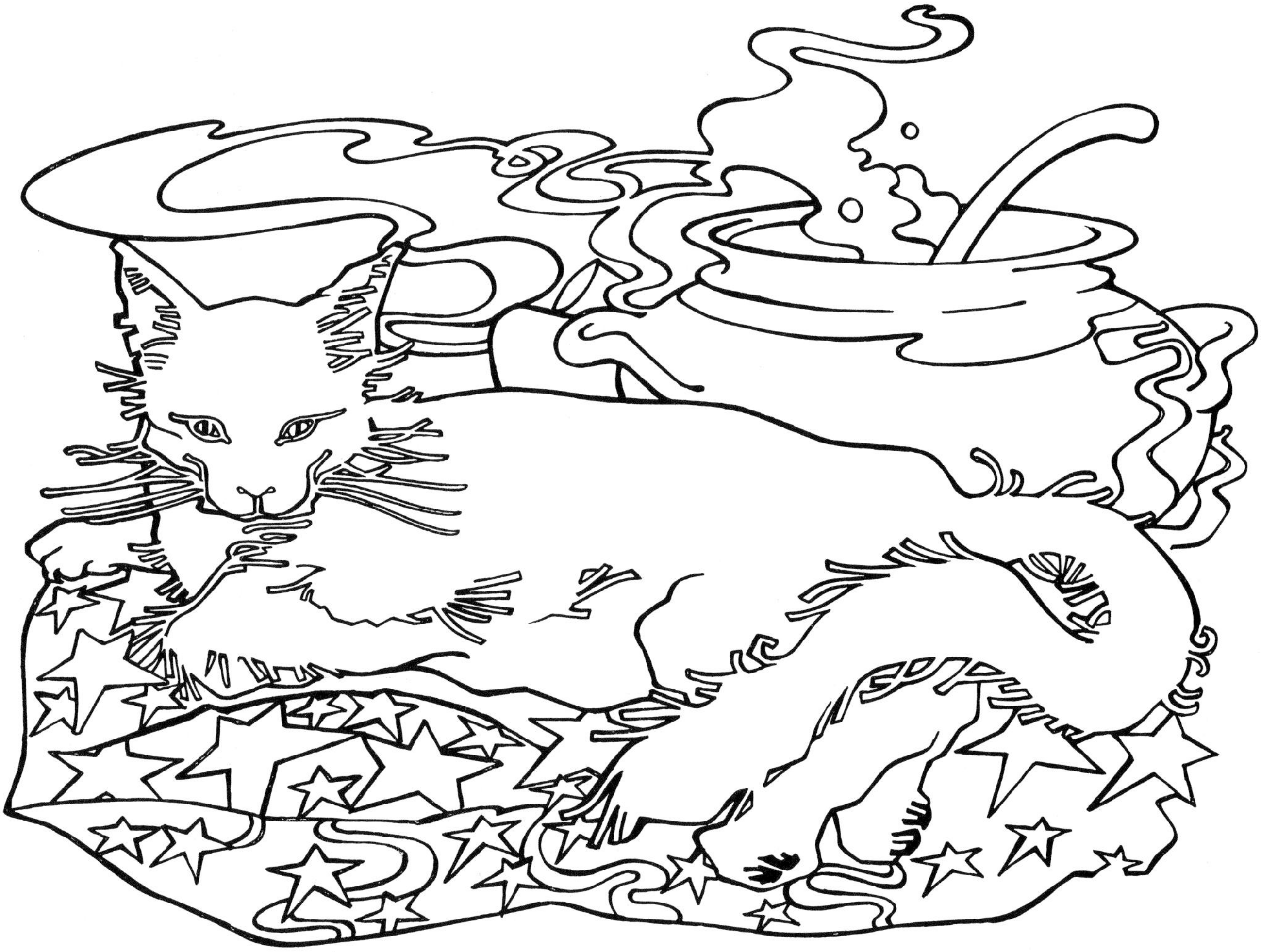

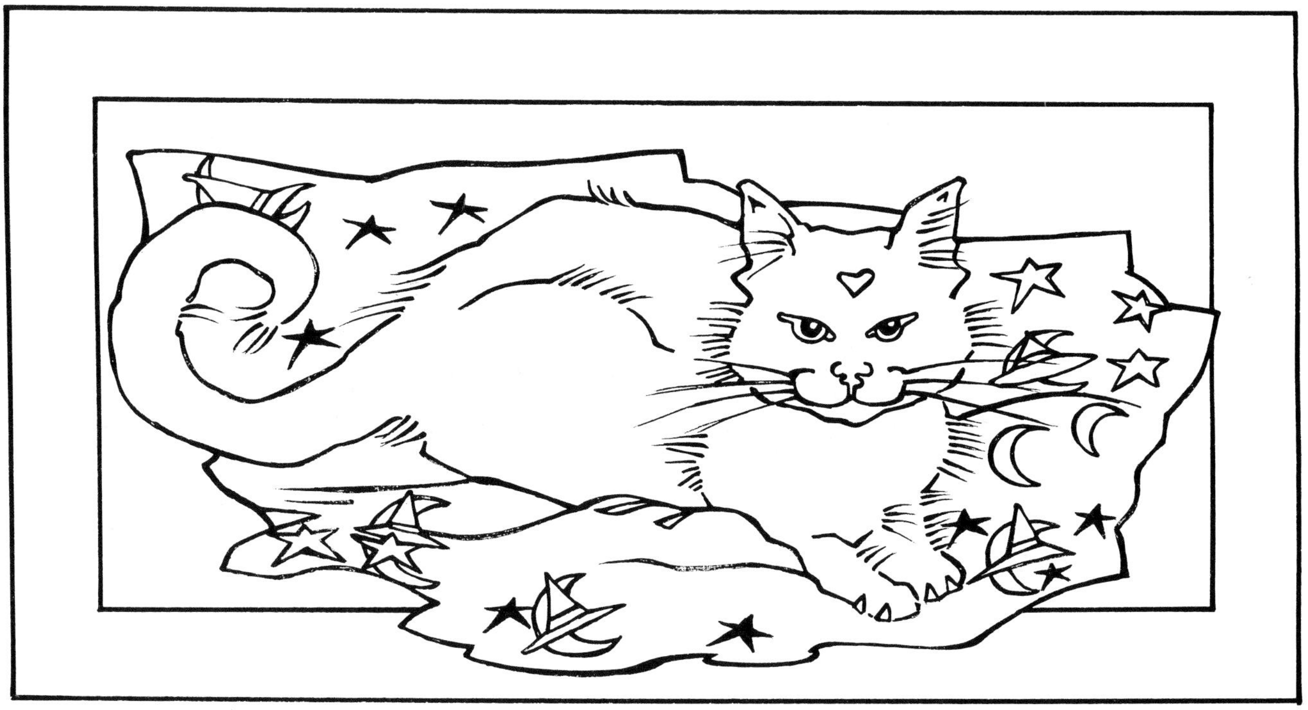

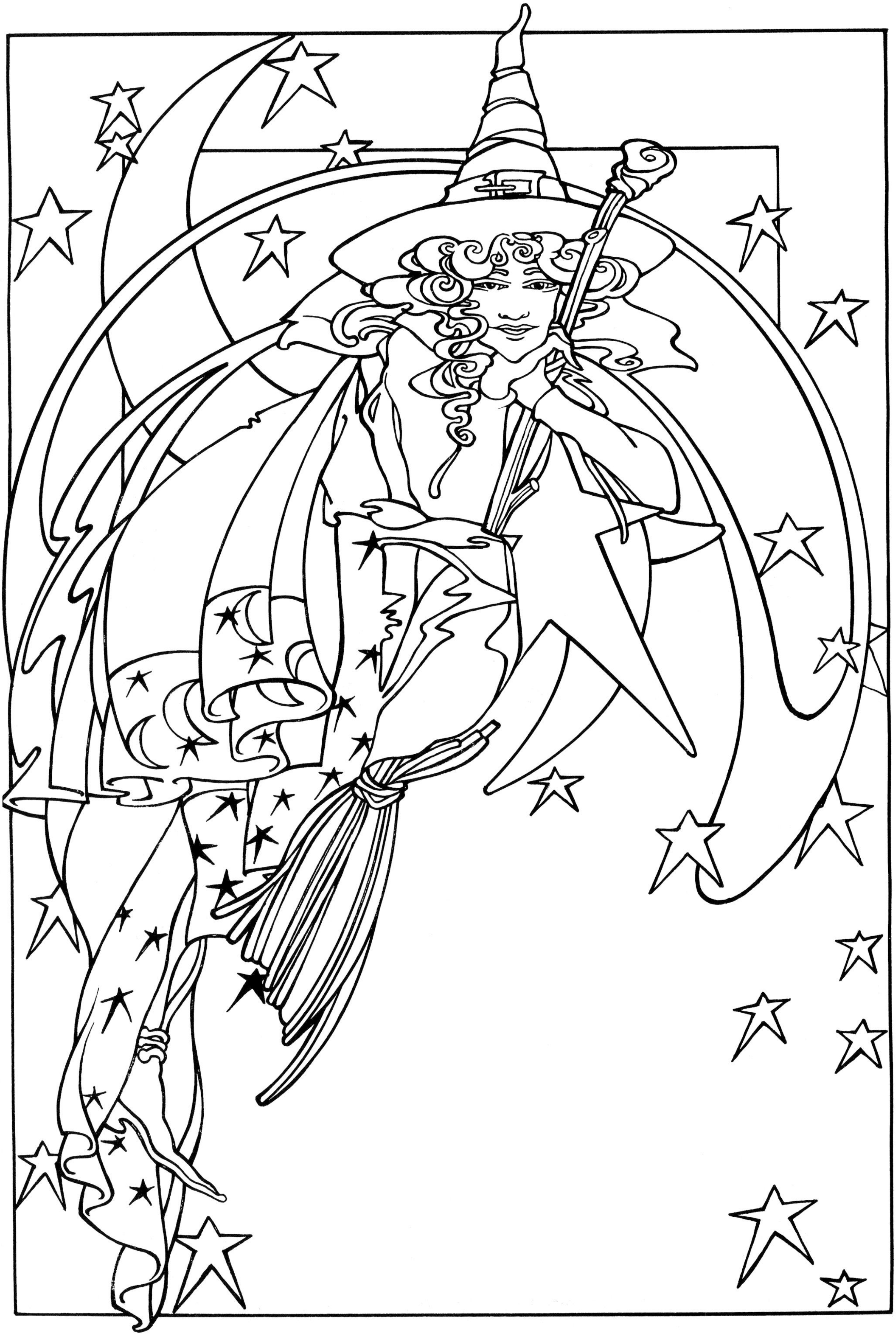

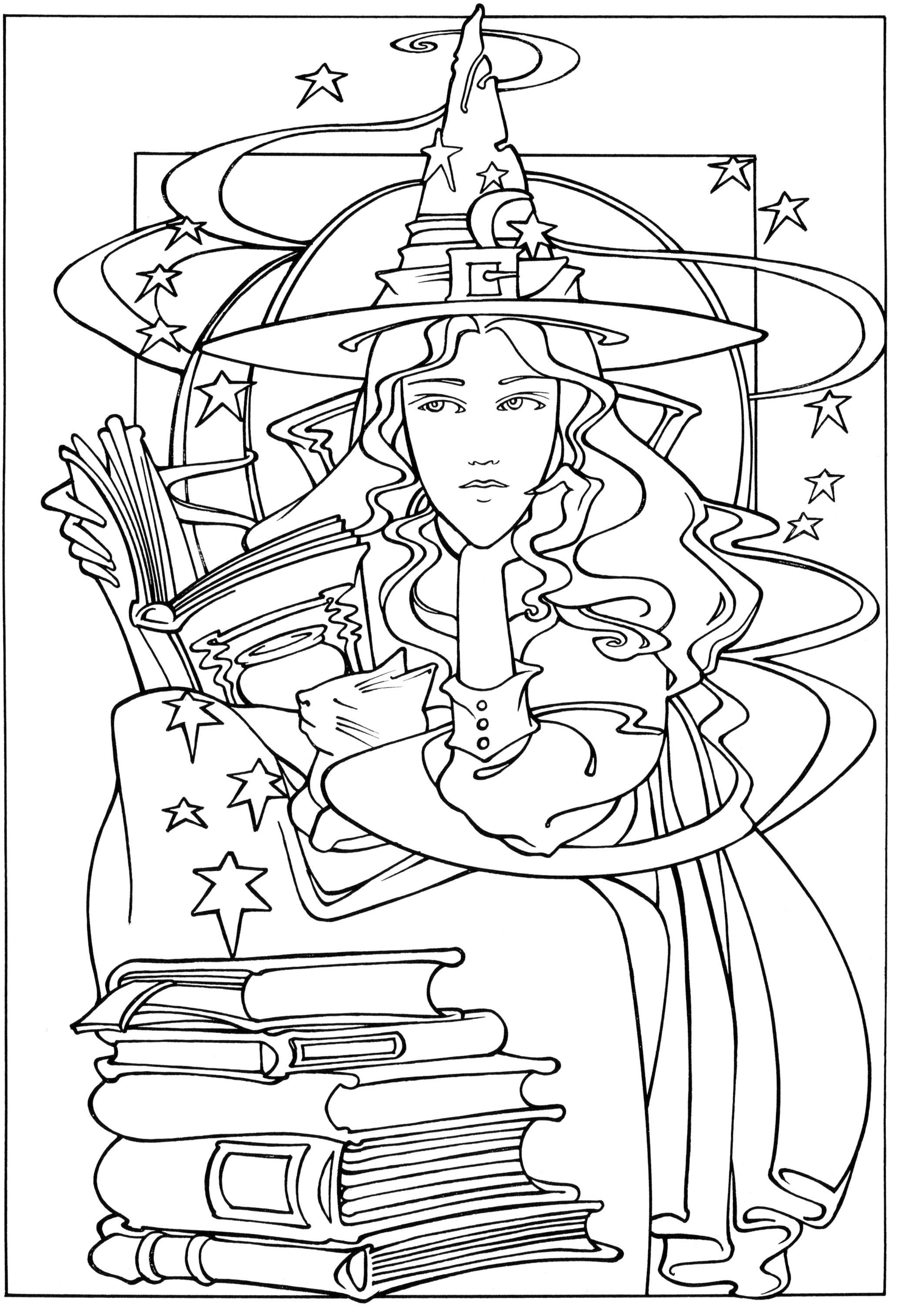

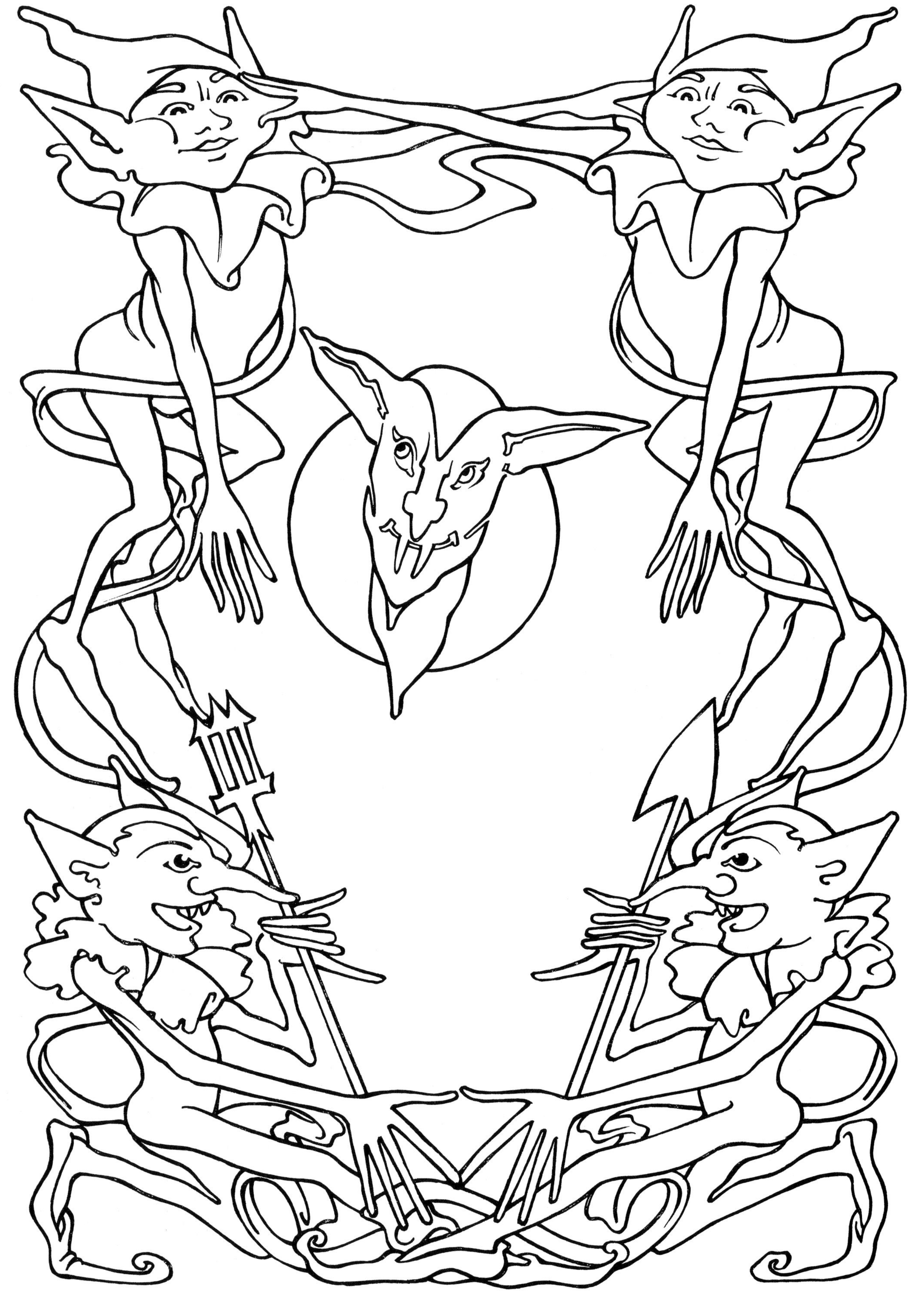

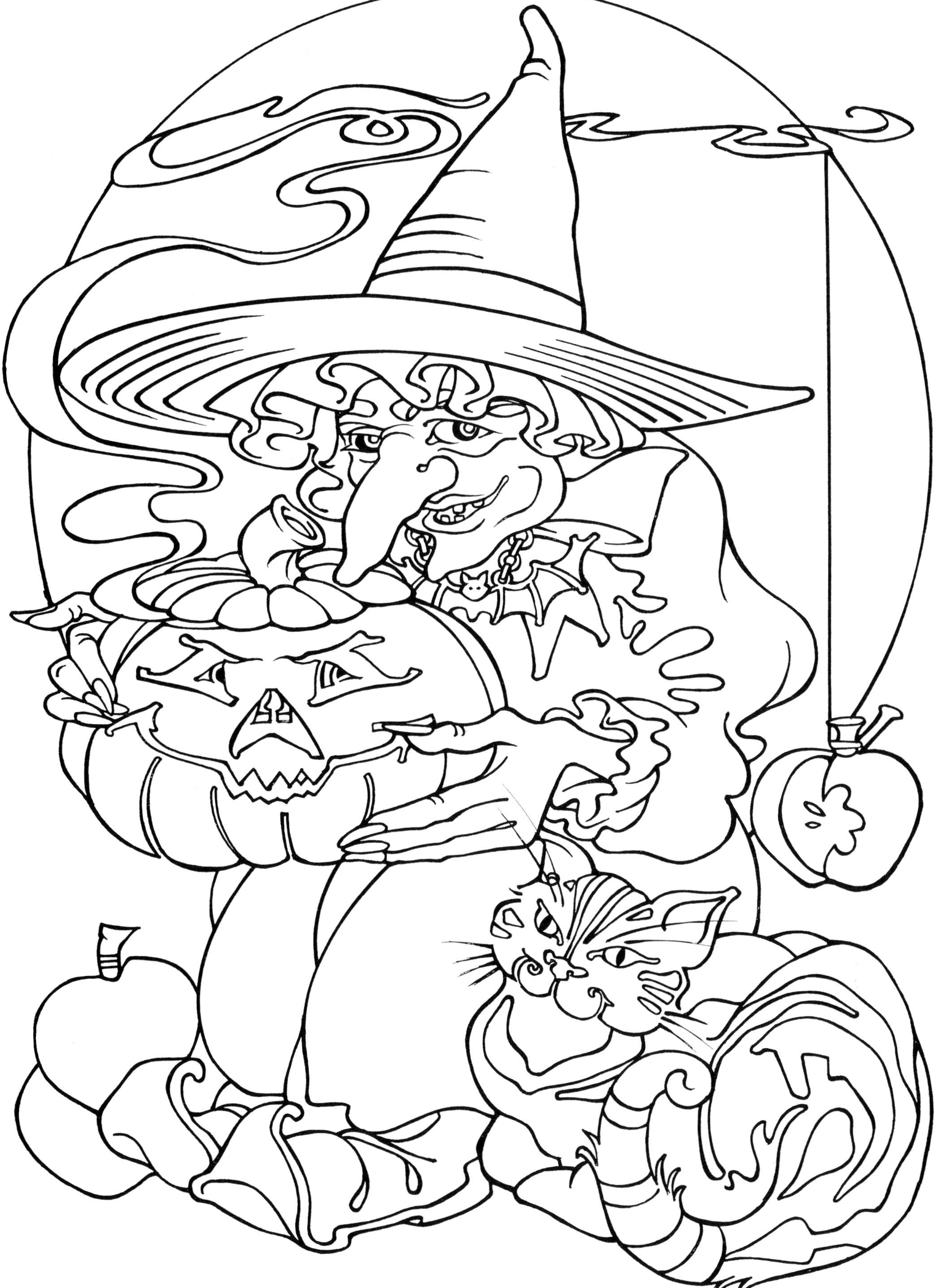

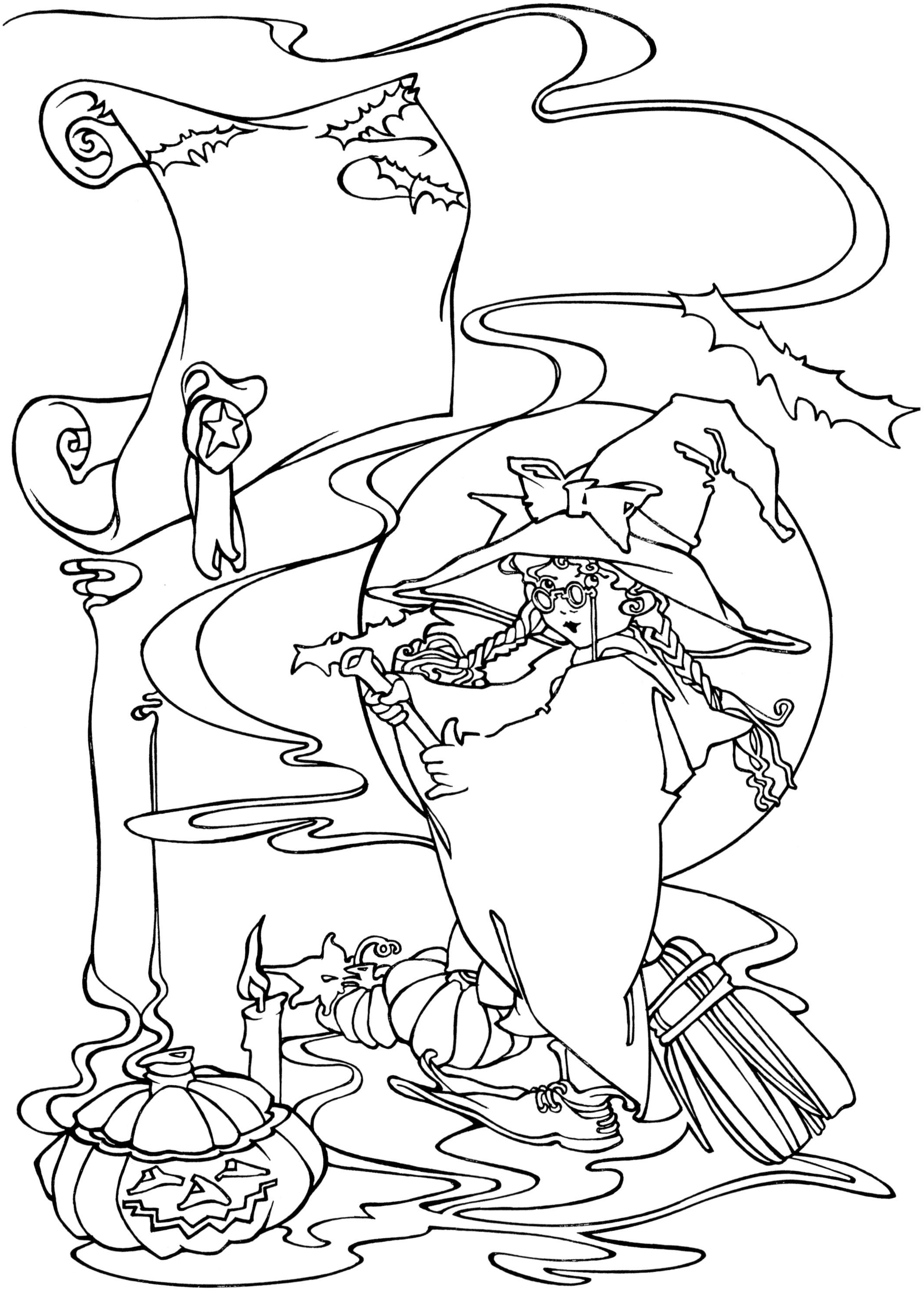

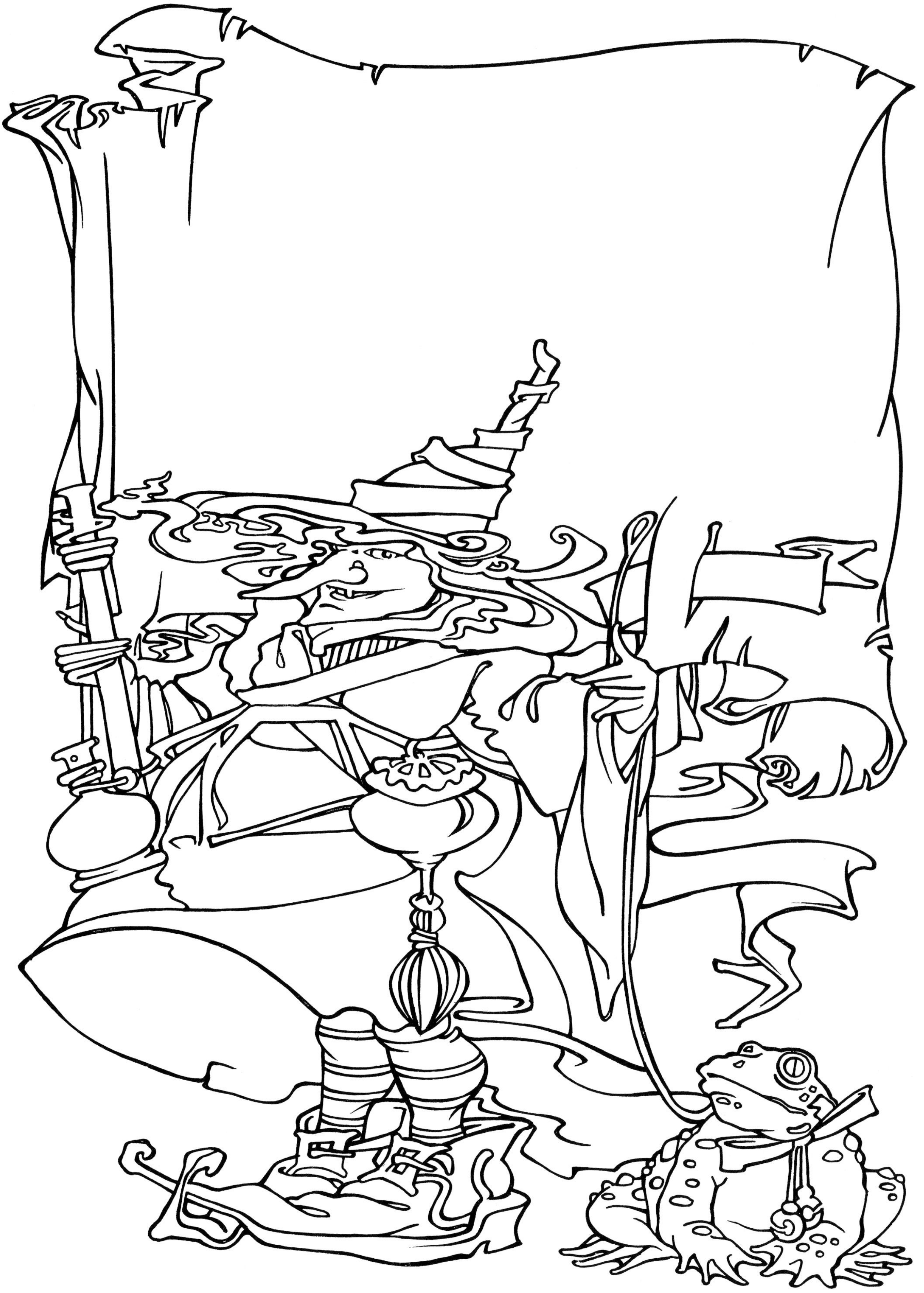

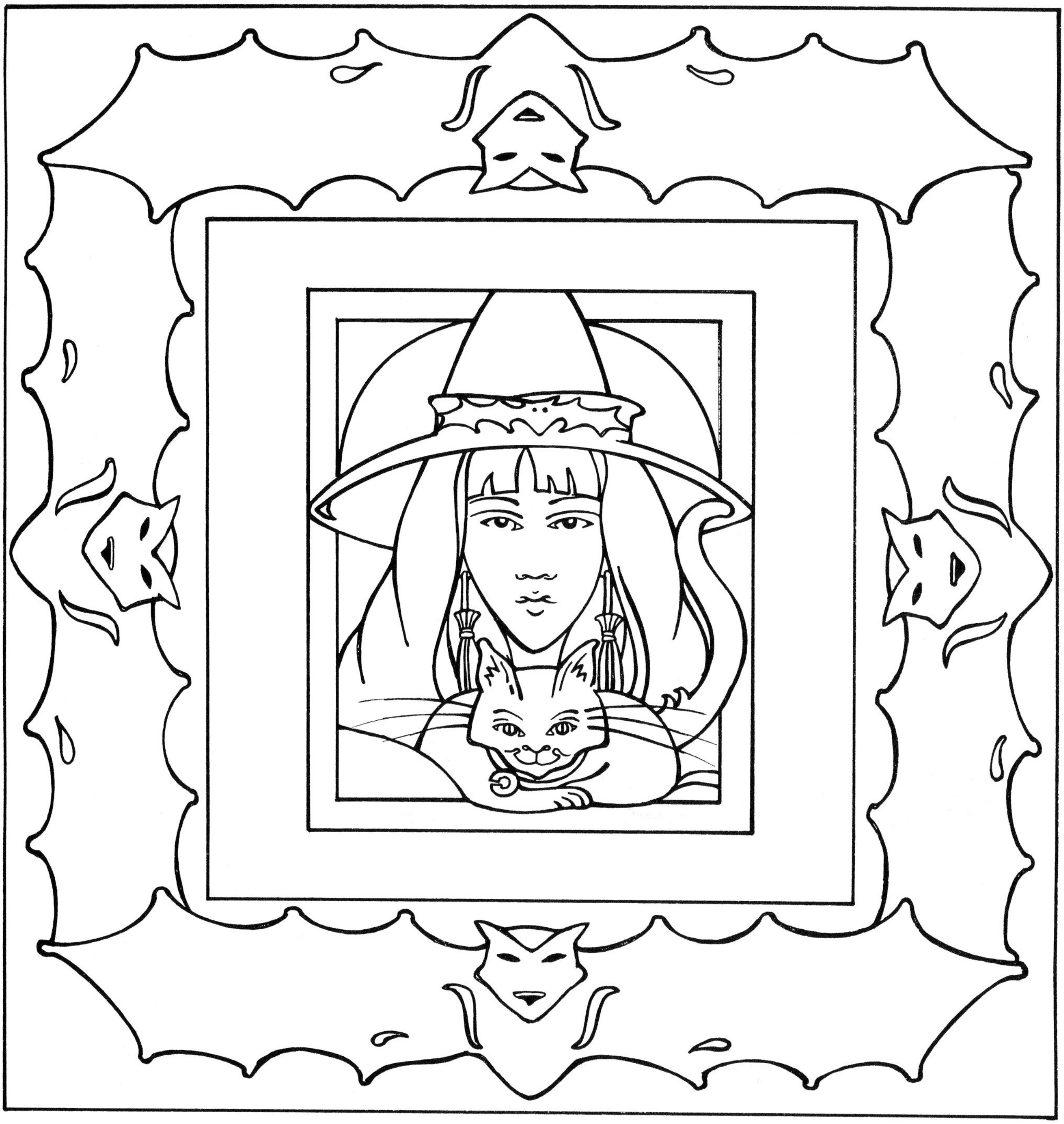

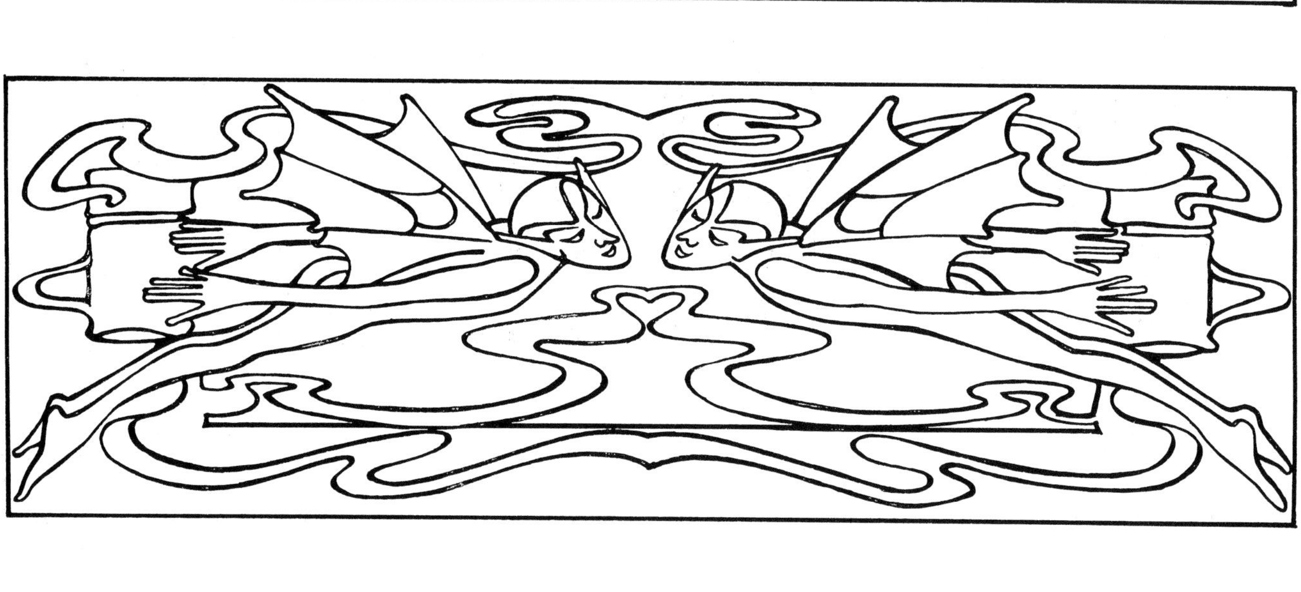

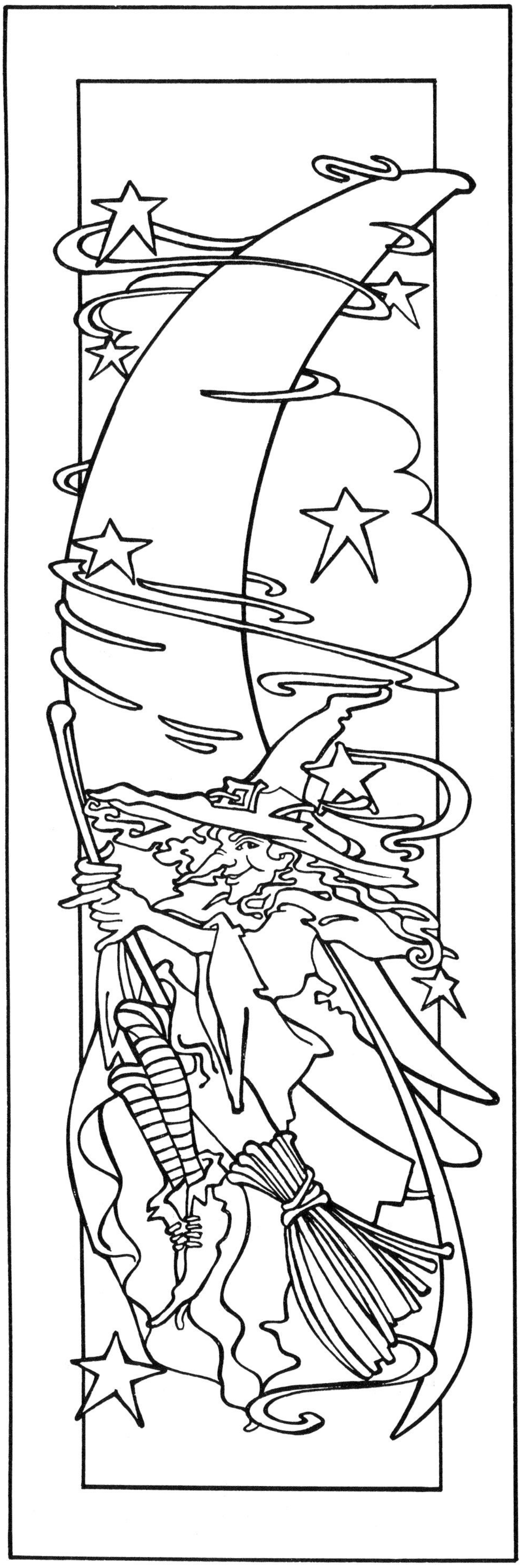
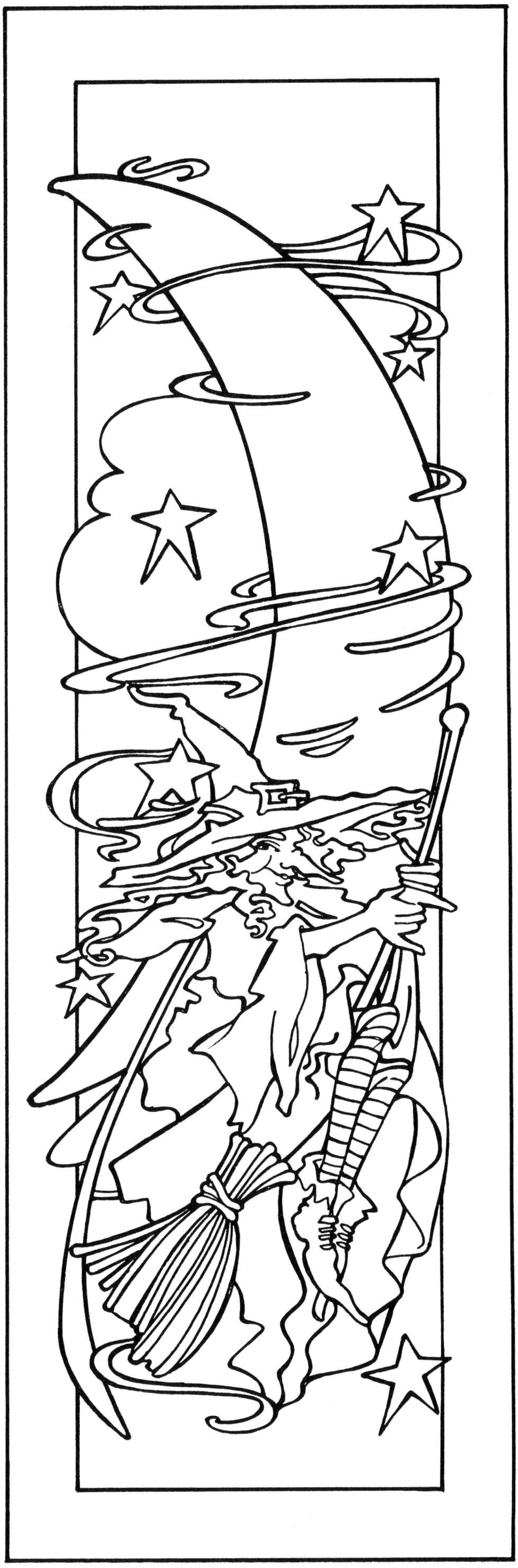

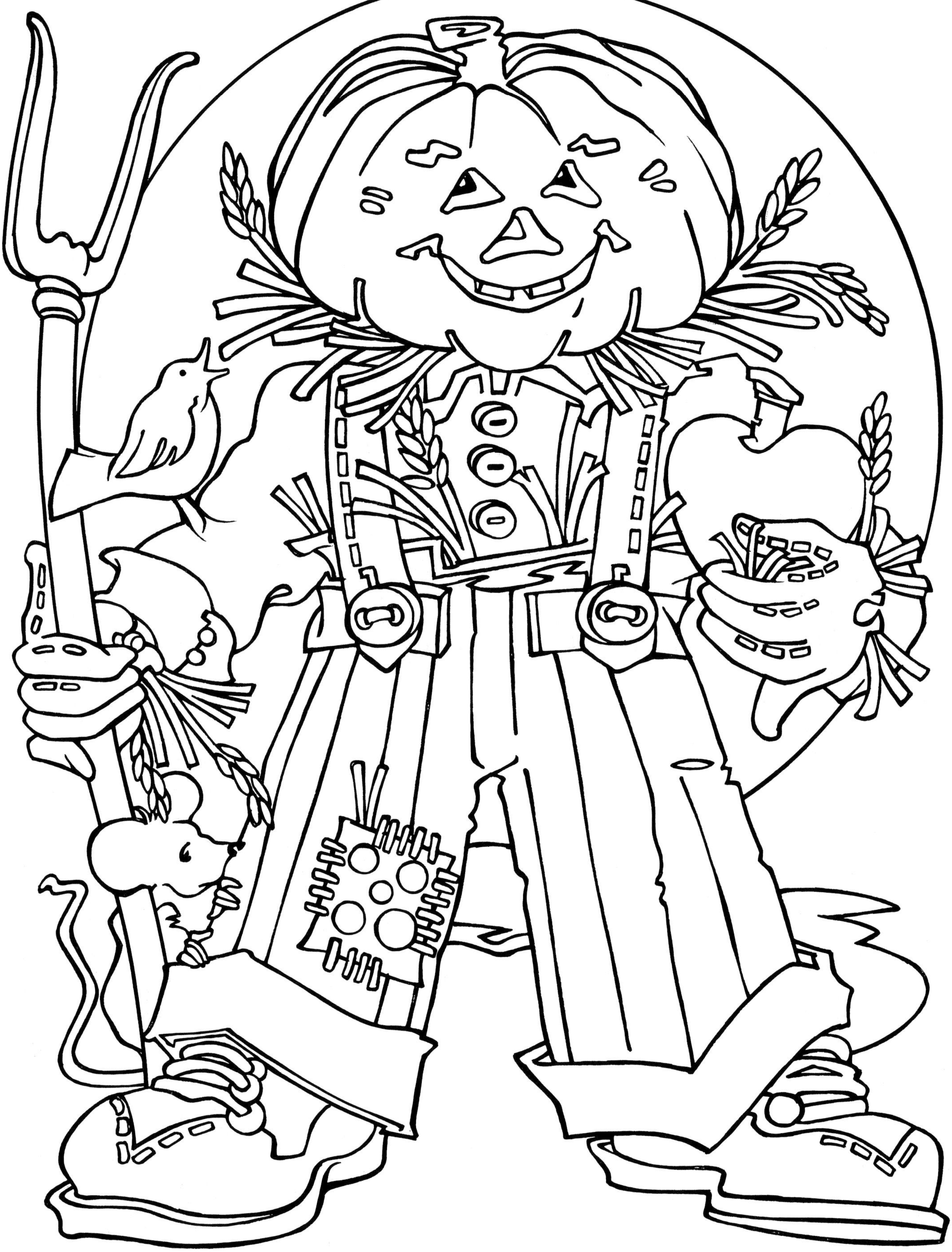

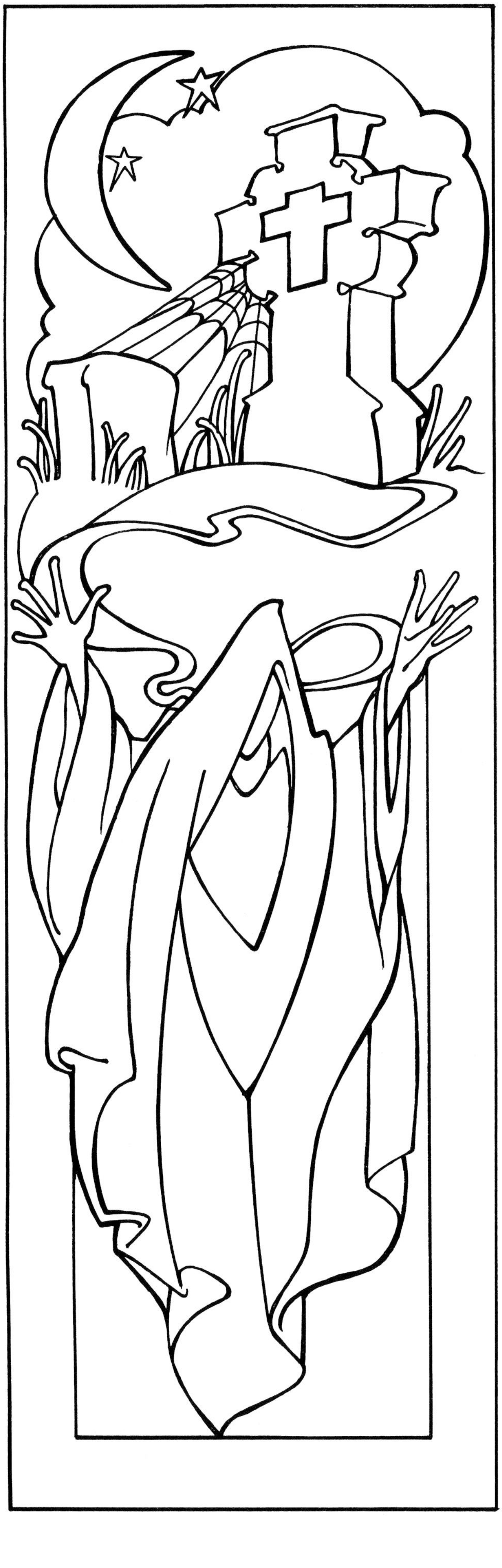

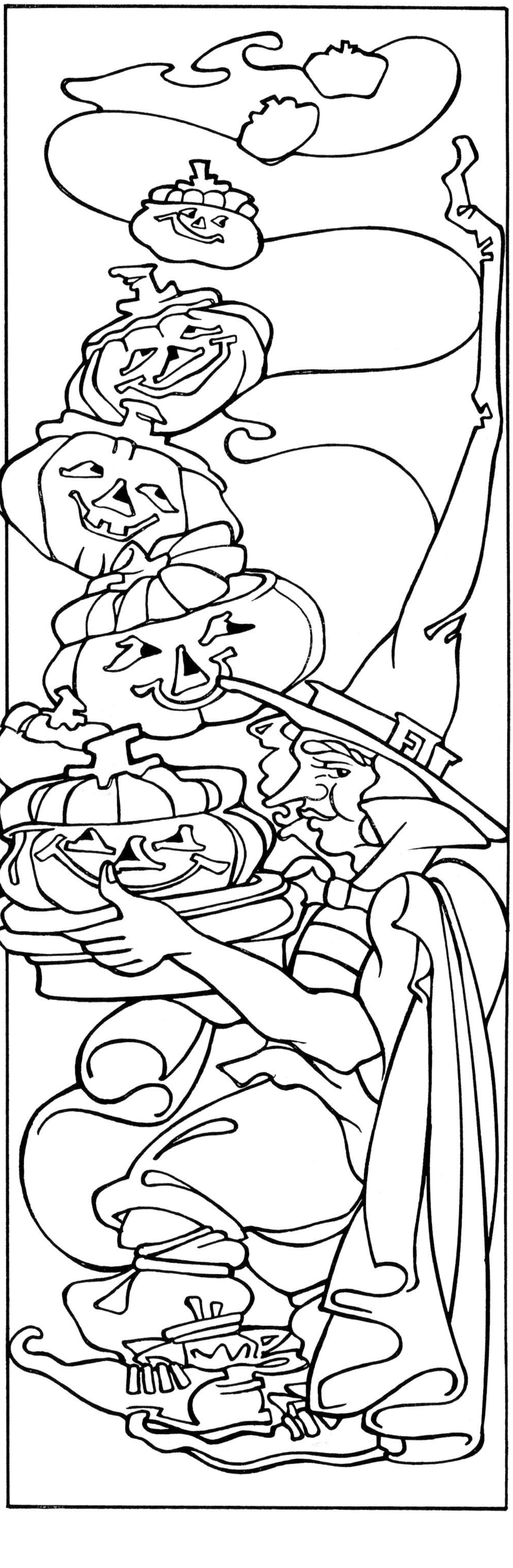

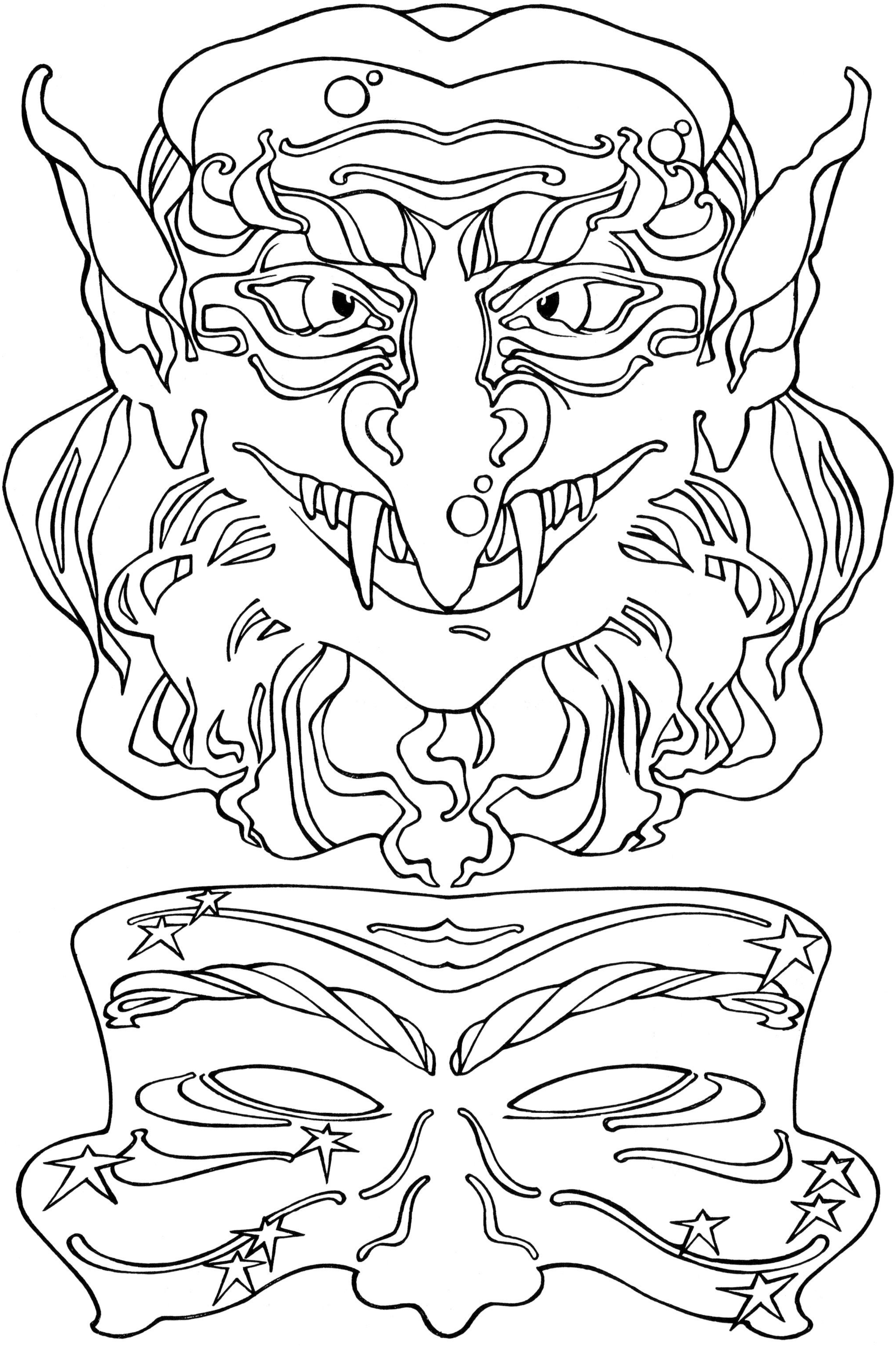

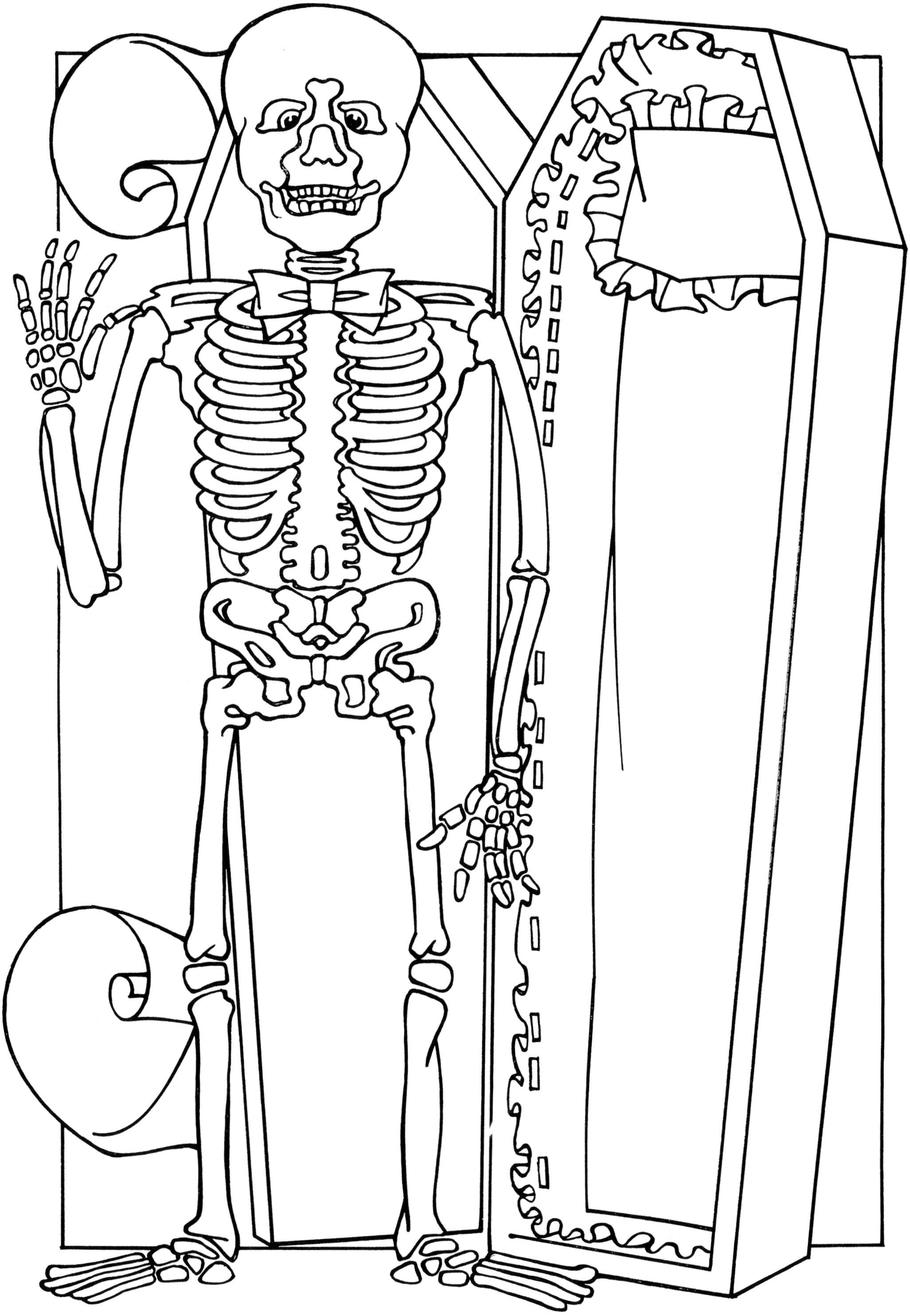

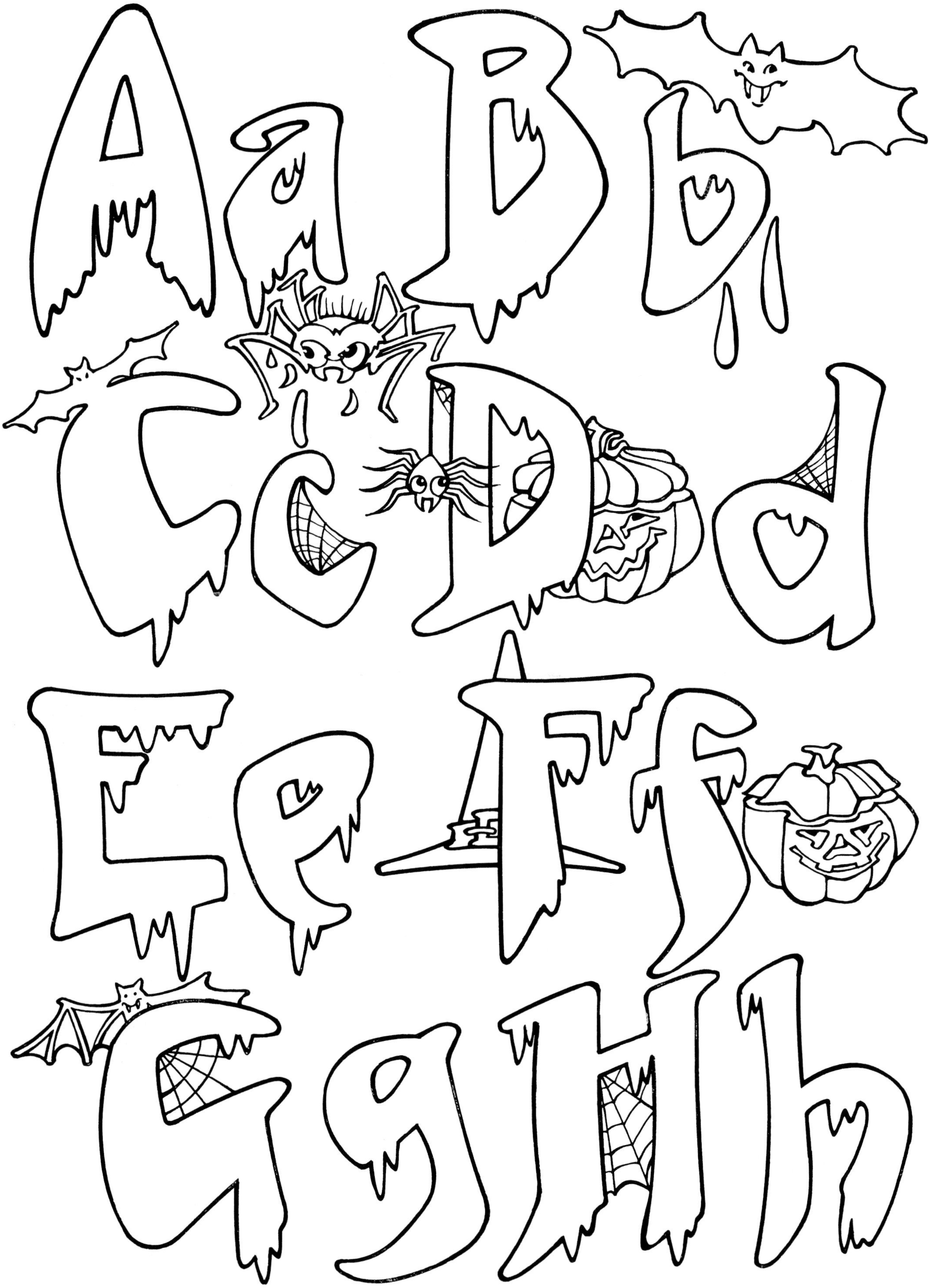
Aa Bb
Cc Dd
Ee Ff
Gg Hh

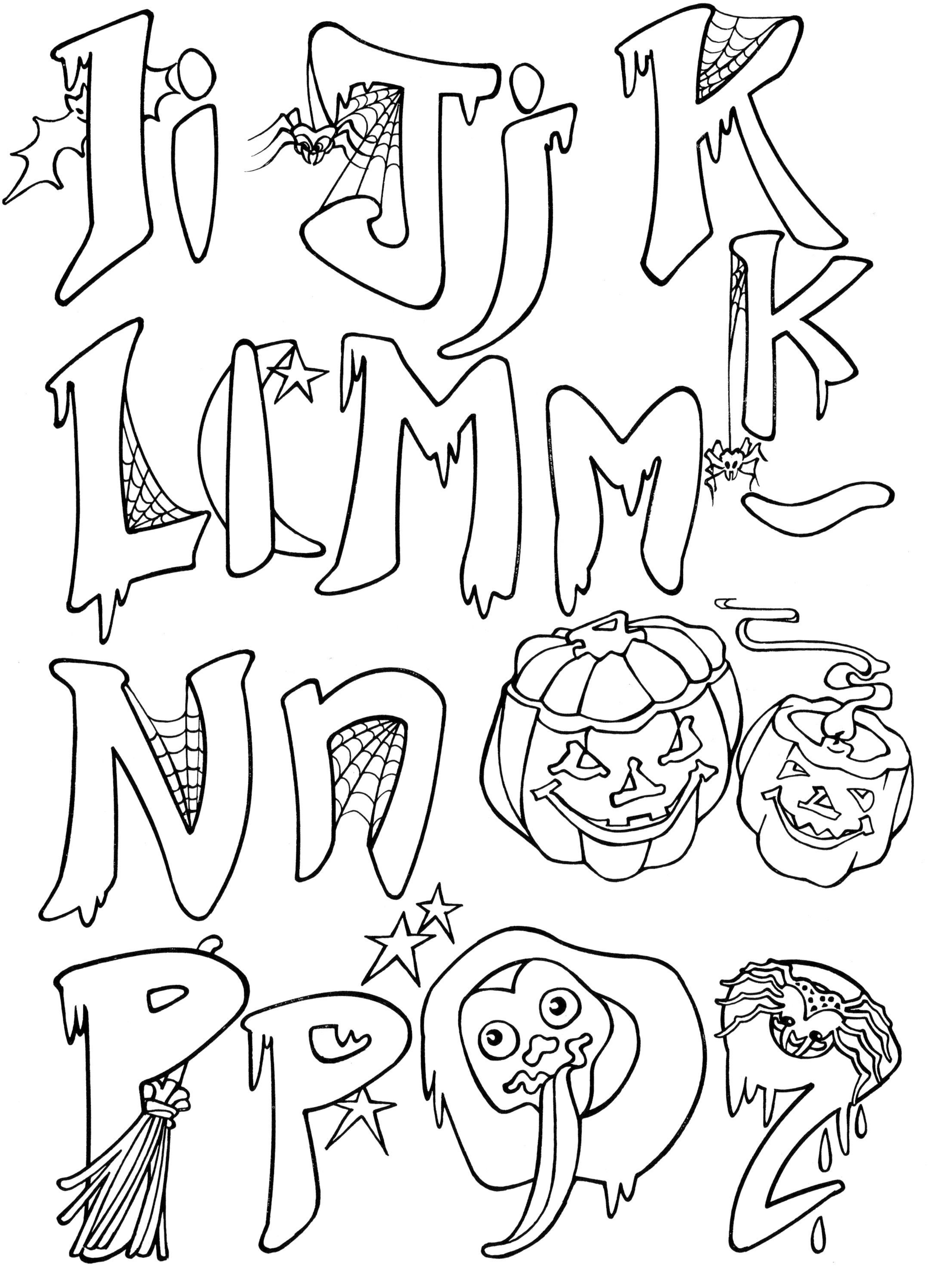
Ii Jj Kk
Ll Mm
Nn
Pp

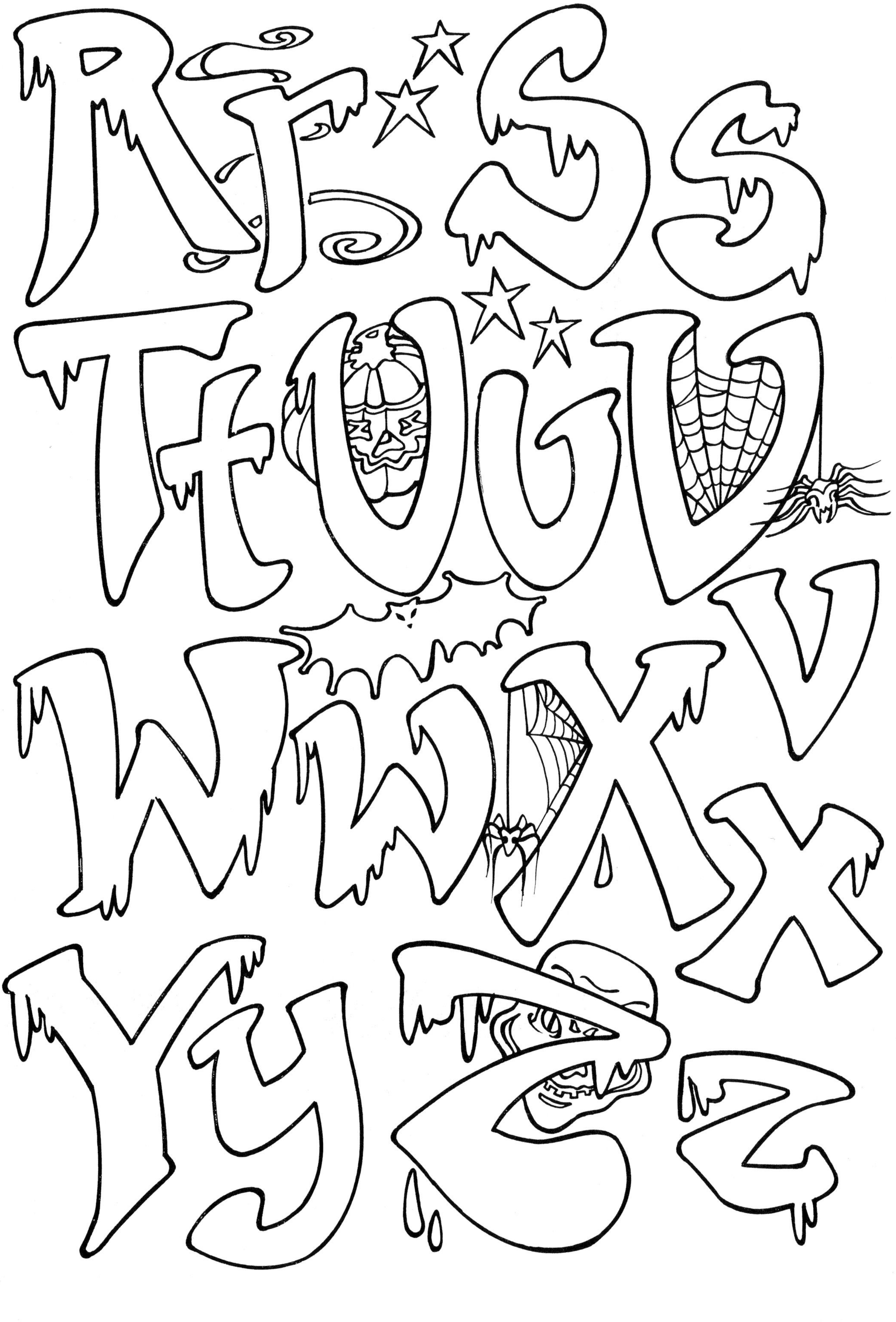
Rr Ss
Tt Uu Vv
Ww Xx
Yy Zz